品质课程聚焦丛书

王雪梅　杨四耕　主编

数学学科课程决策

专业视角

李德山 主编

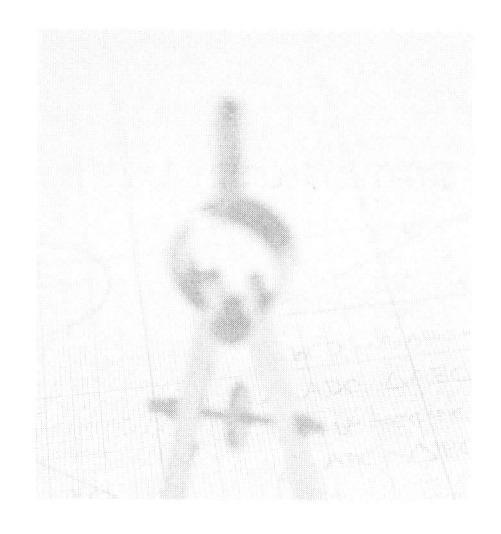

全国教育科学"十三五"规划课题
"区域推进中小学品质课程建设的实践研究"
（课题编号 FHB180571）之研究成果

华东师范大学出版社
·上海·

图书在版编目（CIP）数据

数学学科课程决策：专业视角/李德山主编. —上海：华东师范大学出版社，2021
（品质课程聚焦丛书）
ISBN 978-7-5760-2286-5

Ⅰ.①数… Ⅱ.①李… Ⅲ.①数学课—教学研究—中小学 Ⅳ.①G633.602

中国版本图书馆 CIP 数据核字（2021）第 237533 号

品质课程聚焦丛书

数学学科课程决策：专业视角

丛书主编	王雪梅　杨四耕
主　　编	李德山
责任编辑	刘　佳
项目编辑	林青荻
特约审读	潘家琳
责任校对	黄　燕　时东明
装帧设计	卢晓红

出版发行	华东师范大学出版社
社　　址	上海市中山北路3663号　邮编 200062
网　　址	www.ecnupress.com.cn
电　　话	021-60821666　行政传真 021-62572105
客服电话	021-62865537　门市（邮购）电话 021-62869887
地　　址	上海市中山北路3663号华东师范大学校内先锋路口
网　　店	http://hdsdcbs.tmall.com

印 刷 者	上海锦佳印刷有限公司
开　　本	787×1092　16开
印　　张	12.75
字　　数	158千字
版　　次	2021年12月第1版
印　　次	2021年12月第1次
书　　号	ISBN 978-7-5760-2286-5
定　　价	40.00元

出版人　王　焰

（如发现本版图书有印订质量问题，请寄回本社客服中心调换或电话 021-62865537 联系）

丛书编委会

主 编
　　王雪梅　杨四耕
编 委
　　孙　波　李德山　崔春华　裴文云　李　红　廖纯连　苏家云
　　刘文芬　王慧珍　牛旌丽　柴　敏　吴长生　裴章云　刘　兵

本书编委会

主 编
　　李德山
成 员
　　赵　燕　杨清英　王长发　刘世保　许　立　周香莲　王化之
　　张晓燕　徐玉梅　刘永生　姚　琼　丁圣勇　许　军　李玉燕
　　李筱岚

丛书总序

自2015年以来,我们在合肥市蜀山区推进"品质课程"项目,致力于学校课程文化变革,改变区域课程改革生态。这些年,我们深刻地感受到,课程是一种文化存在,文化是课程的存在方式和存在本身。

怀特海指出,过程是世界万物固有的本性。[1] 在他看来,"事件"和"事物"不同:事件是唯一的,是不可重复的;而事物则是自然之物,是永恒的。[2] 据此,我们认为,课程文化不仅仅是事物的集合,更是事件的生成。我们可将课程文化理解为事件之展开而非仅仅是事物之集合,由此所展现的将是课程文化要素、课程文化形态、课程文化主体共同构成的一幅立体兼容的文化图景。

从"事物"角度看,课程文化是课程形态和课程实践蕴含的价值、信仰、规范以及语言等文化要素的合生体,这些文化要素构成了课程文化的基质。因此,课程文化是一种信仰、一种语言、一种规范、一种眼光、一种思维方式、一种处理问题的方式,它们具体表现为课程精神文化、行为文化、制度文化以及物质文化。课程文化要素的相互摄入以及微观生成,构成学校课程文化变革的内在过程。在怀特海看来,把具体要素据为己有的每一过程叫作摄入。[3] "摄入"理论从微观层面说明了现实存在自我生成的内在机制。

课程精神文化、行为文化、制度文化以及物质文化诸要素相互摄入进而存在于另一存在之中,成为相互依存的合生体。在这个合生体中,课程精神文化是最核心的、最深层的、根部性的文化要素,是课程物质文化、制度文化与行为文化的价值凝练和理念引领。课程制度文化是具有中介性质的文化,它联结课程物质文化和行为文化,既是课程物质文化的制度保证,又是

---

[1] 怀特海. 过程与实在:宇宙论研究(修订版)[M]. 杨富斌,译. 北京:中国人民大学出版社,2013.
[2] 陈奎德. 怀特海哲学演化概论[M]. 上海:上海人民出版社,1988.
[3] 杨富斌,等. 怀特海过程哲学研究[M]. 北京:中国人民大学出版社,2018.

课程行为文化的规约机制。课程行为文化是课程文化的表现，既受课程精神文化的直接影响，又受课程制度文化的现实规范。课程物质文化处在表层，是课程精神文化、课程行为文化和制度文化的空间和载体。如此，课程文化诸要素相互摄入、相互作用，共同构成课程文化的深层结构。

课程文化变革过程包含"物质性摄入"与"概念性摄入"，① 这两种摄入是多维关联的重构过程，其中微观生成是生动活泼而丰富多彩的。一般地说，学校课程文化诸要素之间的相互摄入，其中课程精神文化居于核心地位，它体现于其他各要素之中。课程文化变革可以从课程文化的部分要素开始，以点带面，但要实现课程文化彻底转向，或要真正提升学校课程品质，就必须整体协调课程文化之各要素，就要以"文化的眼光"或"思维方式"进行这种摄入行动的思考和判断。

以上是课程文化的"事物观"及其变革机理。在这里，我想再说一个观点，那就是：课程文化不是简单的要素组合，而是一个展开的事件。正如巴迪欧在《存在与事件》一书中所言：真理只有通过与支撑它的秩序决裂才得以建构，它绝非那个秩序的结果；我把这种开启真理的决裂称为"事件"；真正的哲学不是始于结构的事实（文化的、语言的、制度的等），而是仅始于发生的事件，始于仍然处于完全不可预料的突现的形式中的事件。② 从"事件"角度看，课程文化是一个不可能重复出现的生成过程，处于不断运动变化之中。作为"事件"的课程文化之真理即是在完整的课程实践中成就人、发展人和完善人。

课程文化是学校里公开的或隐蔽的信念、行为、习惯和价值观等要素相互"包含""进入""创造""构成"的"合生"事件，它融合了课程的物质和精神两个层面的意涵，它不仅包含课程意识、课程理念、课程价值等内隐的精神文化形态，而且包含学校课程实践过程中所创造的课程物质、课程制度以及课程行为等外显的文化形态，是诸要素相互参与和多维互动的创造过程，是"事件"生成与发生的过程——因为"文化的每一个方面都是一个能

---

① 怀特海认为，对现实存在的摄入——其材料包含着现实存在的摄入——叫作"物质性摄入"；对永恒客体的摄入叫作"概念性摄入"。参阅：杨富斌，等. 怀特海过程哲学研究［M］. 北京：中国人民大学出版社，2018.
② Alain Badiou. Being and Event［M］. London：Continuum International Publishing Group，2006.

够改变文化的创造源,都是非常主动的创造性力量"①。

一种文化首先意味着一种眼光,眼光不同,对所有事情的理解就不同。② 课程文化是我们做事的眼光、处事方式和思维习惯,是生长着的"事件",是我们理解课程实践、推进课程变革的眼光。当然,课程文化虽然是一个"事件",但在本体论意义上,课程文化仍然是一种不易感知的实在。人类学家指出,人们一般意识不到他们身边的文化,因为此类文化表现为平常的生活,表现为看上去正常和自然的东西。文化以无意识的状态或者说未被检查的状态悄悄地让我们做出选择、进入生活。③

但是,这并不妨碍我们认识课程文化,我们仍然可以用智慧感知课程文化的存在,我们仍然可以用眼睛捕捉课程物质文化、制度文化、行为文化和精神文化。课程物质文化是以物质形态存在的设施和空间,这是课程文化赖以存在的物质基础与场域条件;课程制度文化是学校制定的规约课程实践的活动程序和价值规范,是学校课程变革过程中形成的价值体系和活动规则;课程行为文化是行为主体在长期的课程实践过程中形成的处理课程事务的一以贯之的行为方式,这种行为方式具有长期稳定性、潜意识性和无需提醒等特点;课程精神文化是学校课程文化的核心,是主导学校课程实践的理念和精神,通常会借助富有哲理的语言加以概括。这些课程文化要素,我们可以"看见"它们的合生性存在,也可以"分辨"它们的原子性存在。

我们的结论是:课程与文化有着天然的血肉联系,凡是课程变革一定是文化变革,没有文化内核的课程变革很难取得成功;文化变革需要课程建设支撑,没有课程支撑的文化变革是不可思议的。怀特海指出,现实存在就是合生,每一个现实存在都不是只有一种元素的简单的存在,不是原子论意义上的存在,而是由诸多要素构成的合生或有机体。④ 在学校课程变革过程中,课程与文化二者"合生"即生成课程文化。课程与文化的"合生"设计,是学校课程文化变革的重要方法。

在具体操作上,推进学校课程文化变革有两条道路可供选择。第一条道

---

①② 赵汀阳. 赵汀阳自选集 [M]. 桂林:广西师范大学出版社,2000.
③ 约瑟夫,等. 课程文化 [M]. 余强,译. 杭州:浙江教育出版社,2008.
④ 怀特海. 过程与实在:宇宙论研究(修订版)[M]. 杨富斌,译. 北京:中国人民大学出版社,2013.

路是自上而下的演绎道路，实现从文化概念到课程设计的"合生"。首先确定学校课程哲学，包括学校课程理念、课程愿景、育人目标和课程目标。其次，厘定学校育人目标和课程目标。再次，梳理学校课程框架，设计学校课程内容。复次，活跃学校课程实施，使课程功能最大化。最后，把握学校课程评价和管理。如此，课程文化建设是从文化概念建构开始的，由此展开学校课程整体规划，实现从文化概念到课程设计的"合生"。

第二条道路是自下而上的归纳道路，实现从课程实践到文化逻辑的"合生"。学校课程文化建设实际上也是学校文化决策过程，每一所学校都有自己的文化背景，包括周边的文化资源、历史传统、现实经验，这是学校课程文化变革的客观基础，也是学校课程哲学生长的土壤，"土质"的不同导致学校课程哲学追求的不同。在分析学校课程情境的基础上，对学生的需求进行调查，了解现有课程的实施情况，发现学校课程中存在的问题；根据学校课程情境分析和学生需求调查，形成学校课程哲学，明确学校的育人目标和课程目标；基于课程价值需求分析，建构学校课程框架与体系；布局学校课程实施的多维途径和多种方式，确保课程实施的有序与有效；制定一套课程管理制度，保障课程变革顺利推进；制定一套评估方法，对课程品质进行评估。这是由课程实践到文化逻辑的"合生"过程。

合肥市蜀山区"品质课程"项目实践表明，学校课程文化变革可以是演绎式，也可以是归纳式。演绎式可理解为"概念先行——实践验证"方式；归纳式可理解为"实践探索——归纳提升"方式。课程是具有情境性和价值负载的文本，学校课程文化变革宜采取"理论、研究与实践互动"的方式。这种方式不完全依赖于概念或理论，也不脱离学校实际情境。在学校课程实践中，以学校课程情境为基础，以课程的实际问题为切入点，以理论为指导，以概念为圆心，边研究边行动，在实践中总结提炼，又在实践中加以验证与改造，在理论与实践的互动互补、碰撞对话中生成学校独有的课程文化框架。

马克思说："全部社会生活在本质上是实践的。凡是把理论引向神秘主义的神秘东西，都能在人的实践中以及对这个实践的理解中得到合理的解决。"① 合肥市蜀山区"品质课程"项目探索告诉我们：实践是课程文化价值实现的根本途径，是推进学校课程文化变革的关键力量。学校课程文化变革必须为行动提供充分的理据，从而使得行动趋于合理化，增强学校文化变革的认同感和一致性。在某种意义上，这也是一种文化自觉。

杨四耕
2021 年 2 月 5 日于上海市教育科学研究院

---

① 马克思恩格斯选集（第 1 卷）[M]. 中央编译局，译. 北京：人民出版社，1995.

目录

前　言　数学学科课程决策的多维框架 —— 1

第一章　基于课程性质的决策 —— 1

　　课程性质不仅决定了课程理念，而且决定了课程价值；课程理念诠释了课程性质，是课程性质的具体化。数学学科课程具有基础性、普及性和发展性等三重属性；课程理念的确立要基于课程性质，既要符合广大儿童的身心发展规律和特点，又要注重来源于实践的数学知识，还要把学科数学、儿童数学和生活数学三者有机结合。其决策的意义在于：能在实践中培养儿童理性思考的好习惯，在解决实际问题中形成积极的科学态度，在发展规律中激发并保持浓厚的学习兴趣，在反复探索中不断发展终身学习的能力。

　　第一节　熏陶独立的思考品质 / 5
　　第二节　渗透积极的科学态度 / 7
　　第三节　营造快乐的思考氛围 / 22
　　第四节　迸发综合的探究活力 / 25

第二章　基于课程目标的决策 —— 33

　　基于课程目标的决策的意义在于，使制定的教学目标既符合课程标准的要求，又符合儿童的实际情况，同时，它又是一种自主的思维活动，它能真正地体现决策者的主体性，而且在数学决策的活动序列里可以看到抽象、概括、判断、推理、运算、想象、构造等各种各样的数学意义。最重要的是，基于课程目标的决策对整个教学过程都发挥着指导作用，是课堂教学最重要的依据，是课堂教学的总指挥，是课堂教学的终极归宿。

　　第一节　挖掘儿童思维潜能 / 37
　　第二节　激发儿童思维创新 / 40
　　第三节　拓展儿童思维空间 / 58
　　第四节　领略数学思维魅力 / 61

第三章　基于课程结构的决策 —— 71

　　基于课程结构的决策的意义在于：不仅能使儿童循序渐进地思考问题，接收清晰而明确的内容，更能使儿童掌握知识的本质，宏观把控知识脉络，使思维产生创造性的跳跃。发散的创新思维使课堂活泼生动，严谨的逻辑思维使儿童的学习过程更加缜密。最终逐步培养儿童乐于思考、勇于质疑、思维缜密、言必有据的良好思维习惯，让儿童在数学学习中体验思维的快乐。

　　第一节　培育学思共生的理念 / 74
　　第二节　增强坚定不移的信念 / 76

第三节　锻造童趣的实践平台 / 79
第四节　酝酿和谐的学习氛围 / 82

第四章　基于课程内容的决策　　—— 93

基于课程内容的决策实现了在借鉴现代科学技术文化成果的基础上，选取具有代表性、典型性和与基础知识紧密相关的内容作为课程内容。用现代观念形成基础知识的组织结构和呈现方式，实现可视化、高效及时的数学课堂教学。教学内容不再拘泥于给儿童一条鱼，而是致力于给儿童一套捕鱼工具和捕鱼技巧；不再局限于给儿童一碗水，而是致力于帮助儿童凿一口井、引一眼泉、开一条河。

第一节　共创探索合作的平台 / 97
第二节　培养应用创新的能力 / 100
第三节　满足个性化学习需求 / 107
第四节　渗透一体化教学形态 / 110

第五章　基于课程实施的决策　　—— 117

如何推进学科课程实施，这是课程决策的重要方面。以学习为中心的课程实施，不仅引起了学习方式变革，也是对课程实践的规定性，即决定教师怎样教和学生怎样学的本质问题。课程实施的决策主要有主体维度、工具维度和实践维度的考量。从主体维度来说，建立互动型的师生关系是课程实施的有力保障。从工具维度来说，采用多样性教学方法，是课程实施的重要途径。从实践维度来说，参与性的教学过程，让课程实施落地生花。

第一节　发展儿童思维能力 / 120
第二节　提升儿童数学素养 / 123
第三节　培养儿童探究能力 / 126
第四节　锤炼儿童实践能力 / 129

第六章　基于课程媒介的决策 —— 137

课程媒介的决策就是决定使用何种材料性质的课程资源作为媒介来把学习内容更好地展示给学习者。数学课堂中合理恰当地使用数学课程资源，在很大程度上将提高学生的学习水平和教师的教学质量。课程资源有很多种，多媒体技术作为广泛应用的课程资源有其独特的优势，传统的板书也是不可忽视的媒介。选择何种可以作为中间媒介的材料，把课程内容呈现给学习者，是课程决策的重要内容。

第一节　遇见溢香的数学世界 / 141
第二节　探索奇妙的未知世界 / 143
第三节　打造真实的生活体验 / 149
第四节　建构有趣的数学样态 / 152

第七章　基于课程评价的决策 —— 157

课程评价决策是对正在进行中的学习进展情况或者程度以及类型等作出判断评价，并确定进行这种评价的目的或意义是什么，是课程决策的关键环节。运用的评价方法有：多主体进行评价、从多元化视野进行评价、重过程的评价。建立有助于促进学生发展，有助于教师反思与提高，有助于实现课程改革的目标的评价模式，是基于课程评价的决策之核心。

  第一节 点燃儿童思维的火花 / 160
  第二节 助力儿童探索的趣味 / 162
  第三节 培养学以致用的能力 / 165
  第四节 领略数学文化的魅力 / 168
  第五节 体验数学之旅的美妙 / 177

后　记 —— 180

前言　数学学科课程决策的多维框架

课程决策是课程理论研究和探索的重要领域,它对课程决策的理性认知,对课程理论的构建,尤其是对课程实践都有着极其深远的意义和影响,所以对课程决策的深入探究就显得尤为重要,它关系着课程目标的制定、课程结构的搭建、课程内容的选择、课程过程的实施以及课程结果的评价。

课程决策是一个多维、复杂的动态过程,这意味着在课程发展进程中,需要通过对课程标准、课程计划、课程内容等进行一系列的价值辨析与选择,由此来控制教学目的、课程类型、教学体系、教材特征和教学模式,从而决定真正适合儿童学习的课程。也就是说,课程决策是对课程的诸多方面进行判定、抉择,而后开展多方实施、多个连续活动综合运转的复杂过程,它是课程得以高效运转的最核心环节。因此,从专业视角来研究课程决策就显得尤为重要。

由于课程决策需要综合考虑的因素和影响相对复杂,其研究的理论基础比较广泛,同时在实践的要求下,课程决策的研究和划分标准也趋于多样化。不同标准下的课程决策分类也多种多样: 按照决策主体分类,分为国家、各级教育部门、学校、家长和儿童;按照决策形式分类,分为理性形式、群体形式、渐进形式和精英形式;按照决策水平分类,分为机构级、社会级、教学级和经验级;按照决策类型分类,分为行政型和草根型;按照保障体系分类,分为集权式、分权式和自由式。

无论是按照哪一种标准来分类,都将服务于按照课程决策的对象来划分,也就是服务于选择的课程内容,从而选择并实施有利于课程目标实现的最佳方案。鉴于此,笔者将从课程决策的对象这个视角来探讨数学学科课程决策。学科课程决策从决策对象,也就是从需要决策的内容上思考,主要包括以下七种决策:

第一，基于课程性质的决策。明确教育者对客观世界的定性把握和定量描述，逐步抽象并归纳概括，进而形成方法和理论，最后使其得以广泛应用的过程。

第二，基于课程目标的决策。明确一切教育活动能够达到的目的以及能够实现的价值过程。

第三，基于课程结构的决策。根据课程各部分之间的衔接及关联关系，明确课程各组成部分如何有机结合，进而确定课程体系架构，使得决策结果更有利于数学知识系统的传授和接收的过程。

第四，基于课程内容的决策。为了最终实现课程目标，而确定要选择学科中的既定事实、观点、原理、方法、问题以及处理方式（选择的结果一般以教材和课程资源的方式来呈现）的过程。

第五，基于课程实施的决策。是对课程实践的规定性，也就是决定教师怎样教和学生怎样学的动态过程。

第六，基于课程媒介的决策。为了把课程内容更好地向儿童展示，而确定使用何种材料性质的课程资源作为媒介的过程。

第七，基于课程评价的决策。判断和评价当前进行的学习进度、程度及类型，并确定评价判断的目的或意义的过程。

以上七种课程决策并不是独立的"决策孤岛"，而是一个密切联系，相互制约、相互依存、相互交融的有机整体。在实际的课程决策中，应同时兼顾这七个方面的课程决策，这些课程决策的整体实现和落实，是儿童真正受益的标志。

（撰稿者：赵燕）

第一章

基于课程性质的决策

　　课程性质不仅决定了课程理念，而且决定了课程价值；课程理念诠释了课程性质，是课程性质的具体化。数学学科课程具有基础性、普及性和发展性等三重属性：课程理念的确立要基于课程性质，既要符合广大儿童的身心发展规律和特点，又要注重来源于实践的数学知识，还要把学科数学、儿童数学和生活数学三者有机结合。其决策的意义在于：能在实践中培养儿童理性思考的好习惯，在解决实际问题中形成积极的科学态度，在发展规律中激发并保持浓厚的学习兴趣，在反复探索中不断发展终身学习的能力。

《义务教育数学课程标准（2011版）》中指出："数学是研究数量关系和空间形式的科学。"[①] 数学除了直接从现实世界抽象出来的量的关系和空间形式外，还研究在数学内部已经形成的数学概念和理论为基础定义出来的更为抽象的关系和形式，即"抽象基础上的再抽象"。数学理论体系在逻辑上具有严密性，数学结论具有确定性。数学理论在实践活动中具有广泛应用。也就是说数学既是一种抽象语言，也是一种逻辑工具。

《义务教育数学课程标准（2011版）》中指出："义务教育阶段的数学课程是培养公民素质的基础课程，具有基础性、普及性和发展性。"[②]

第一，数学学科课程的基础性表明了数学课程培养公民素质的必要性和重要性，正是必要而重要才构成了它的基础性。这个基础性决定了儿童未来在知识技能、数学思维、数学能力以及情感方面，为以后更好的发展所做的贡献。所以小学数学的课程决策不应注重于把儿童哪一方面的能力培养的有多强，而是着眼于未来，为儿童在多维度方面的发展奠定基础。

第二，数学学科课程的普及性决定了小学阶段的数学课程是大众教育而非精英教育。从而决定了数学课程的目标和要求不应太高。同时，小学数学课程也必须是面向所有学生设计的。所以数学课程要在符合儿童身心发展规律的过程中使其掌握必备的基础知识和基本技能，在符合儿童身心发展特点的过程中培养其抽象思维和推理能力、创新意识和实践能力。基于此，合肥市蜀新苑小学确定"智思数学"的学科课程理念。"智思数学"旨在引导儿童在数学学习中积累智慧、勤于思考，打开儿童的数学思维，在生活中积累数学经验，在学习中探究数学知识，在活动中增长数学兴趣，感受数学的应用价值，体会数学学习的快乐，拓展儿童的数学思维。以儿童的身心发展规律为基础，在不同阶段期待儿童经历：提出针对性问题、获取有效信息、寻找有力证据、验证合理假设、发现一般规律等一系列推理过程。同时，蜀新苑小学也注重在实践中培养儿童理性思考的好习惯，在解决实际问题中形成积极的科学态度，在发展规律中激发并保持浓厚的学习兴趣，在反复探索中不断

[①] 中华人民共和国教育部. 义务教育数学课程标准（2011年版）[S]. 北京：北京师范大学出版社，2012：1.

[②] 中华人民共和国教育部. 义务教育数学课程标准（2011年版）[S]. 北京：北京师范大学出版社，2012：1.

发展终身学习的能力。

第三，数学学科课程的发展性决定了数学课程的内涵、课程的编制，以及课程实施和课程评价都是一直在发展和变化的。课程的实体也会随之发展变化。数学课程不是独立存在的，它必然会受其学科自身发展和所处社会环境等的影响而不断发展。所以数学课程要在符合儿童的身心发展规律的同时符合社会的发展需要。蜀新苑小学的"智思数学"正是以"育人"为根本宗旨，让数学课程更适合儿童的身心发展规律，没有一味注重趣味，避免忽略了适龄儿童所能接受的度；着眼于为儿童未来生活、工作和学习做好准备，没有脱离现实和后续学习必备的能力，努力做到学有所用。蜀新苑小学在"智思数学"中坚持以思促智、因材施教、因学而教、顺学而导，帮助儿童找到适合自己的学习方法。不断构建属于自己的知识体系，逐步提升自己的数学素养，体会数学的意义。

总之，数学课程要在符合儿童身心发展规律的过程中使其掌握必备的基础知识和基本技能，在符合儿童身心发展特点的过程中培养其抽象思维和推理能力、创新意识和实践能力。同时，我们还要时刻思考一个更深层次的问题，就是数学知识的生成点在哪里，也就是说要传授或讲授一个数学知识，应该建立在什么样的儿童认知结构上，才能够易于儿童理解，进而形成相应的数学认知结构。因此数学教学就是要把数学学科知识与儿童生活和实践当中的关于数量关系和图形的认知结构结合起来，即把学科数学、儿童数学和生活数学三者有机结合，这才是真正科学有效的课程决策。

（撰稿者： 赵燕）

智思数学： 让每个儿童思考数学的智慧

合肥市蜀新苑小学数学教研组现有教师18人，高级教师1人，一级教师5人，二级教师6人，其中合肥市骨干教师1人。教研组学术研讨气氛活跃，认真开展教研组活动和备课组活动，大大促进了组内年轻教师的成长，带动学校教研组共同发展。组内获得国家级优质课、电教活动评比一二等奖5人次，并有多人在省、市、区等各级优质课、微课、基本功、论文评选活动中获奖。合肥市蜀新苑小学数学组秉持"立足于学生,服务于学生"的教学理念,充分发挥教研共同体的合力,共谋共划,奋力争先。依据《义务教育数学课程标准(2011版)》的学科精神,推进合肥市蜀新苑小学数学学科课程建设。

第一节

熏陶独立的思考品质

一、学科性质

《义务教育数学课程标准（2011版）》中指出："数学是研究数量关系和空间形式的科学。数学作为对于客观现象抽象概括而逐渐形成的科学语言与工具，不仅是自然科学和技术科学的基础，而且在人文科学与社会科学中发挥着越来越大的作用。特别是20世纪中叶以来，数学与计算机技术的结合在许多方面直接为社会创造价值，推动社会生产力的发展。"[①]

义务教育阶段的数学课程是儿童学习、未来生活和工作的重要奠基石。儿童通过学习数学课程学会并掌握数学基础知识、基本技能、基本思想和基本活动经验，培养儿童的思维能力和创新意识，并将数学思维应用于生活、工作和学习中。

二、学科课程理念

《义务教育数学课程标准（2011版）》中指出："课程内容的选择要贴近学生的实际，有利于学生体验与理解、思考与探索。"[②] 我们认为，在小学数学课程的学习过程中，应该使儿童在智学、善思的学习过程中提升自己的数学素养。因此，学校将数学学科课程的核心思想定义为"智思数学"，努

---

① 中华人民共和国教育部. 义务教育数学课程标准（2011年版）[S]. 北京：北京师范大学出版社，2012：1.
② 中华人民共和国教育部. 义务教育数学课程标准（2011年版）[S]. 北京：北京师范大学出版社，2012：2.

力让儿童在学习中获得智慧，在思考中获得成长，熏陶他们独立的思考品质。

1. "智思数学"重视儿童思考品质的培养。学校数学课程注重儿童在学习过程中的思考，着眼于儿童基本素养的形成和发展。正所谓"学而不思则罔"，问题意识是思维发生的起点，也是创新意识、创造能力的基础，有了问题才会思考，有了思考才会有解决问题的方法、思想、策略和技巧，充分激发儿童的问题意识，养成儿童智思、善思的良好习惯，并最终促进学生自主探究精神等基本思维素养的发展。"智思数学"努力探究师与生、生与生之间的双向互动和合作，努力建立一种教学相长的新型师生关系。

2. "智思数学"关注儿童创新能力的培养。素质教育的核心是培养儿童的创新意识和创造能力，"智思数学"就是培养儿童创造力的阵地之一。"智思数学"不让儿童困于书本，不让儿童拘泥于形式，不让儿童守旧于条条框框，要求儿童要有自己独到的见解、变通的思维、更新的方法，要求老师激励儿童的求异思维，让儿童在数学活动的每一个环节中动手动脑、手脑并用，通过实践不断发现问题，提出问题并解决问题，培养儿童的创造力。

3. "智思数学"着眼儿童应用意识的培养。我们学习任何知识其最终目的都是要运用于生活中，帮助我们解决生活中的问题，数学知识的学习也不例外。当前，科学技术发展飞速，数学越来越显现其重要性，数学知识所涉及的领域越来越广。"智思数学"通过教师教学过程的潜移默化，把数学知识生活化，将数学学习变为儿童日常生活内容的一部分，让儿童结合日常生活经验，在实践中学习数学，培养儿童的数学应用意识。

4. "智思数学"关注儿童良好习惯的培养。儿童养成良好的学习习惯非常重要，我们认为数学教学不仅要让儿童学会知识并能运用知识解决问题，更重要的是帮助儿童养成良好的数学学习习惯。"智思数学"的实施就是在儿童成长的关键时期，培养儿童认真的审题习惯、良好的推演习惯、工整的书写习惯和独立的思考习惯。

总而言之，"智思数学"课程旨在以思促智、以智带思、智思结合。我们秉持因材施教、因学而教、顺学而导，帮助儿童找到适合自己的学习方法，不断构建属于自己的知识体系和思考方式，逐步提升自己的数学素养，体会数学的意义，更有策略地解决生活中的问题，最终达到"智思"的境界。

第二节

渗透积极的科学态度

《义务教育数学课程标准（2011年版）》指出："数学课程能使学生获得适应社会生活和进一步发展所必需的数学基础知识，基本技能，基本思想，基本活动经验；体会数学知识之间，数学与其他学科之间，数学与生活之间的联系，运用数学的思维方式进行思考，增强发现和提出问题的能力；了解数学的价值，提高学习数学的能力，分析和解决问题的能力；了解数学的价值，提高学习数学的兴趣，增强学好数学的信心，养成良好的学习习惯，具有初步的创新意识和实事求是的科学态度。"[①] "智思数学"坚持以思促智、因材施教、因学而教、顺学而导，帮助儿童找到适合自己的学习方法。不断构建属于自己的知识体系，并向儿童逐步渗透积极的科学态度。

一、学科课程总体目标

基于《义务教育数学课程标准（2011年版）》对课程目标的相关阐述以及要求，提出"智思数学"学科课程的总目标：着力培养儿童的数感、符号意识和模型思想，提高儿童的空间观念和几何直观，提升儿童的数据分析能力、运算能力和推理能力，增强儿童的应用意识和创新意识，培养儿童的数学学习兴趣和良好的学习习惯，让儿童的发展与时代的发展相呼应。

---

① 中华人民共和国教育部. 义务教育数学课程标准（2011年版）[S]. 北京：北京师范大学出版社，2012：8.

二、学科课程年段目标

根据"智思数学"课程总目标，结合学校实际，学校拟定了课程年级目标（见表1-1）。

表1-1 "智思数学"课程年级目标表

目标 年级	上学期目标	下学期目标
一年级	第一单元：数一数 1. 在学生经历数一数10以内的物体后，理解并掌握用1—10各数表示个数。 2. 在数数的过程中，初步感受分类、一一对应等数学方法。 第二单元：比一比 1. 能初步判读认识高和矮、长和短、轻和重的意义，掌握判断方法和比较方法。 2. 能在活动的基础上，形成高、矮、长、短、轻、重的对应观念，培养学生判断力，发展推理力。 第三单元：分一分 1. 让学生回忆生活中的经历，总结什么是分类，以及学会按一定标准分类，感受其好处。 2. 在分类的过程中，理解事物间的内在逻辑性。 第四单元：认位置 1. 通过生活经验的回忆，掌握前和后、上和下、左和右这几种位置关系，能够自主使用前和后、上和下、左和右词语描述位置。 2. 在描述的过程中，理解事物间的内在逻辑性，培养儿童空间观念。 第五单元：认识10以内的数 1. 熟练数出0—10以内物体的个数，理解每一个数的含义，会读会写10以内各数。 2. 经过活动交流的过程，初步理解"几"和"第几"的含义；了解"同样多"和"多""少"的含义；	第一单元：20以内的退位减法 1. 在现实的情景中理解20以内的退位减法，会正确进行计算，并逐步达到熟练的程度。 2. 经历探索20以内退位减法计算方法的过程，通过观察、操作、比较、分析和交流等活动，初步培养思维的灵活性和独立性。 第二单元：认识图形（二） 1. 经历观察、操作、交流等过程，对长方形、正方形、三角形和圆等常见的平面图形有一定的认识，知道它们在日常生活中的应用。 2. 通过画、剪、折、拼等操作活动，感受平面图形与立体图形的关系，体会图形之间的相互转化，积累数学活动经验，发展空间意识。 第三单元：认识100以内的数 1. 能够正确地数出100以内的数，准确地指出每个数位上的数是几，认识计数单位，知道数的每一部分和组成。 2. 能够正确读写100以内的数，了解数的顺序，会比较它们的大小。 3. 能够正确指出加法和减法算式中各部分的名称，并能够正确、熟练地口算整十位数加一位数和相应的减法。 第四单元：100以内的加法和减法（一） 1. 在计算100以内不进位加和不退位减的探索过程中，能掌握口算整十数加、减整十数，两位数加、减整十数以及两位数加、减一位数的不进位加法和不退位减法的方法，会笔算不进位加和不退位减法的两位数加、减两位数。

续 表

目标 年级	上学期目标	下学期目标
	会比较10以内数的大小。 第六单元：认识图形（一） 1. 通过辨认实物，直观感知长方体、正方体、圆柱和球的主要特征，知道这些几何体的名称，能识别这些几何体。 2. 在认识物体的活动中，体会比较、分类等认识事物的方法。 第七单元：分与合 1. 通过分物体的具体活动，理解并掌握10以内数的分与合，能根据要求把一个数分成两个数，或把两个数合成一个数，进一步加深对10以内数的认识。 2. 在探索10以内数不同分法的过程中，培养思维的条理性以及发现规律、应用规律的主动性。 第八单元：10以内的加法和减法 1. 结合具体情境理解加减法含义，能准确迅速地进行计算。 2. 了解10以内加减法的算理，会正确计算10以内加减法。 第九单元：认识11—20各数 1. 熟练数出11—20之间物体的个数，正确读写11—20各数；掌握11—20以内数的顺序；初步了解计数单位；知道10个一是1个十。 2. 初步体会数与生活的联系，初步培养估算意识。 第十单元：20以内的进位加法 1. 结合现实情境理解20以内进位加法的计算方法，会正确进行口算，并逐步达到一定的熟练程度。 2. 经历探索20以内进位加法计算方法的探索过程，增强同伴合作能力。	2. 经历运用所学知识解决简单实际问题的过程，学会解求被减数、减数以及求两数相差多少的简单实际问题，积累一些解决问题的经验，体会数学与生活的联系，初步感受数学的应用价值，培养初步的应用意识。 第五单元：元、角、分 1. 在经历形式多样的学习活动中，熟悉各种人民币的面值，知道元、角、分是人民币的单位，并且理解它们之间的进率。 2. 经历认币、取币、换币、找币等活动过程，初步认识商品的价格，初步理解简单购物问题中的基本数量关系，体会人民币与日常生活的密切联系，发展数学应用意识，提高解决简单实际问题的能力。 第六单元：100以内的加法和减法（二） 1. 100以内不进位加和不退位减较为熟练的前提下，熟悉两位数加一位数的进位加法和两位数减一位数的退位减法的口算方法。 2. 100以内不进位加和不退位减正确笔算的前提下，探求进位加和退位减的竖式计算方法，理解"满10进1"和"退1作10"的思考过程并掌握方法，从而正确笔算100以内的两位数加、减两位数的进位加法与退位减法。

续 表

目标年级	上学期目标	下学期目标
二年级	第一单元： 100以内的加法和减法（三） 1. 使学生能用竖式正确计算100以内的连加、连减和加减混合运算，掌握比较简便的竖式书写方法。 2. 使学生经历从现实情境中提出问题，分析和解决问题的过程，理解并掌握求比一个数多（少）几的数是多少的实际问题的数量关系。 3. 使学生在参与数学学习活动的过程中，初步养成独立思考的习惯。 第二单元： 平行四边形的初步认识 1. 使学生通过观察、操作、比较和交流，初步认识四边形、五边形、六边形以及平行四边形等平面图形，知道这些图形的名称。 2. 使学生在折、剪、拼等活动中，初步体会相关平面图形之间的联系，发展初步的空间观念。 3. 使学生在认识图形的过程中，进一步产生对数学学习的兴趣和自信心。 第三单元： 表内乘法（一） 1. 使学生初步认识乘法的含义，体会乘法和加法的联系与区别，知道乘法算式中各部分的名称，能正确读、写乘法算式。 2. 使学生在认识乘法和学习乘法口诀的过程中，根据乘法含义解决求几个相同数连加的和的实际问题。 3. 使学生在参与数学学习活动的过程中，获得学习成功的体验，发展对数学学习的兴趣。 第四单元： 表内除法（一） 1. 使学生体会平均分的方法，初步认识除法的含义，能正确读写除法，熟练地用一到六的乘法口诀计算相应的除法算式，初步体会乘除法之间的联系。	第一单元： 有余数的除法 1. 使学生经历把平均分后有剩余的现象抽象为有余数除法的过程，会用竖式计算除数和商都是一位数的有余数除法的试题，会用有余数除法解决简单实际问题。 2. 使学生在认识有余数的除法和探索有余数除法计算方法的过程中，进一步积累操作、观察、交流等学习活动经验。 第二单元： 时、分、秒 1. 通过对钟面的观察活动，认识时间单位时、分、秒，知道1时=60分，1分=60秒，并能正确认、读钟面上表示的时间。 2. 使学生联系用1时、1分、1秒的时间，初步建立有关时、分、秒的时间观念。 3. 使学生在认识时、分、秒的过程中，养成爱惜时间的良好习惯。 第三单元： 认识方向 1. 使学生认识东南、东北、西南、西北，能根据给定的一个方向辨认其余七个方向。 2. 使学生会观察公交车站牌、公园路线图、城市平面图等，认识路线图并会运用方向描述行走路线。 第四单元： 认识万以内的数 1. 使学生经历数数的过程，体验数的发展，进一步认识计数单位"百"，初步认识计数单位"千"，并能说出个位、十位、百位、千位的数位顺序。 2. 使学生通过实践操作活动，初步认识千以内的数，能认、读、写千以内的数，会比较千以内数的大小，会口算整百数加、减整百数，会初步估计一些常见事物的多少。 第五单元： 分米和毫米 1. 学生在实践活动中认识分米和毫米，建立分米和毫米的表象。

续 表

目标 年级	上学期目标	下学期目标
	2. 使学生初步学会联系除法的含义解决有关平均分的简单实际问题。 3. 使学生在初步认识除法和探索用口诀求生活实际问题的过程中获得乐于与同学合作交流的积极情感。 第五单元： 厘米和米 1. 使学生通过操作和观察初步认识线段的一些特征，能正确的识别线段，会选择合适的工具画线段。 2. 使学生在具体的活动中认识长度单位厘米和米，知道 1 米 = 100 厘米。 3. 使学生能合理估计一些线段或物体的长度，发展初步的空间观念。 第六单元： 表内乘法和表内除法（二） 1. 使学生经历编制七至九的乘法口诀的过程，逐步熟记乘法口诀。 2. 使学生在编制和整理乘法口诀的过程中，培养初步的概括和简单推理能力。 3. 使学生在参与学习活动的过程中，感受与同学合作交流的价值，初步形成积极健康的学习态度。 第七单元： 观察物体 1. 使学生能辨认从某个位置观察到的简单物体的形状，或能根据看到的形状正确判断观察者的位置。 2. 初步掌握观察物体的方法，培养观察能力和空间观念。	2. 学生在实际测量的过程中，学会选择合适的长度单位，了解长度单位之间的进率，并学会估测，提高估测能力。 3. 组织有效的学习活动，使学生在活动中提高参与学习的意识和能力。 第六单元： 两、三位数的加法和减法 1. 使学生能笔算在 1 000 以内的三位数加法，会用竖式计算比较简单的连加式题。 2. 了解验算的重要意义，学会加减法的验算方法，并初步养成检查和验算的习惯。 第七单元： 角的初步认识 1. 使学生结合生活情境认识角，知道角的各部分名称，会用不同的方法做出角。 2. 使学生知道角有大小，会用重叠的方法比较角的大小。 3. 使学生会辨认直角、钝角和锐角，会用已知直角比一比的方法判断直角。 第八单元： 数据的收集和整理（一） 1. 使学生经历数据的收集、整理和分析的过程，体验统计结果在不同标准下的多样性，并会用统计表来表示数据整理的结果。 2. 使学生在学习统计的过程中发展数学思考，能从统计的角度提出并解决与数据信息有关的问题。
三年级	第一单元： 两、三位数乘一位数 1. 经历探索过程，会口算整十、整百数乘一位数以及积在 100 以内的两、三位数乘一位数，能正确笔算、估算两、三位数乘一位数的积。 2. 使学生在具体情境中理解"倍"的含义，能解决"求一个数是另一	第一单元： 两位数乘两位数 1. 经历探索两位数乘两位数方法的过程，会口算两位数乘整十数以及整十数乘整十数，会简单的估算，并会笔算两位数乘两位数。 2. 使学生在具体情境中应用有关运算解决实际问题，能合理地运用口算、笔算或估算，体会解决问题策略的多样性，进

目标\年级	上学期目标	下学期目标
	数的几倍"以及"求一个数的几倍是多少"的简单实际问题。 第二单元：千克与克 1. 使学生在熟悉的生活情境中，感受并认识质量单位千克和克，初步建立千克和克的质量观念。 2. 使学生初步掌握用秤称物体质量的方法，知道千克和克之间的进率，会进行简单的换算。 第三单元：长方形和正方形 1. 使学生通过观察、操作、思考和交流等活动，认识长方形和正方形的特征。 2. 探索并掌握长方形、正方形周长的计算方法，会解决与长方形、正方形周长计算有关的简单实际问题。 3. 使学生在探索长方形、正方形的特征和周长计算方法。 第四单元：两、三位数除以一位数 1. 使学生经历探索两、三位数除以一位数计算方法的过程，能正确口算整十数（含几百几十）、整百数以一位数和两位数除以一位数，能正确笔算，会用乘法对除法进行验算。 2. 使学生在探索算法、解决问题的过程中，培养初步的分析、比较、抽象、概括和类推、归纳的能力，积累分析问题、解决问题的经验。 3. 使学生口算、笔算以及应用学过的计算解决简单实际问题。 第五单元：解决问题的策略 1. 使学生联系已有的解决实际问题的经验，学会用从条件出发思考的策略分析数量关系，探寻解题思路，并解决一些实际问题。 2. 使学生感受从条件出发思考对于解决问题的价值，体会从条件出	一步发展数学思考，提高解决问题的能力。 第二单元：千米和吨 1. 感知和了解千米的含义，建立1千米的长度观念，知道1千米=1 000米。 2. 感知和了解吨的含义，建立1吨重的观念。 第三单元：解决问题的策略 1. 使学生学会用从问题出发思考的策略分析数量关系，探寻解题思路，并解决实际问题。 2. 感受从问题出发思考对于解决实际问题的价值，体会从问题出发思考是解决实际问题常用的策略之一，进一步发展简单的推理能力。 第四单元：混合运算 1. 初步认识综合算式和小括号，学会混合运算的书写格式，掌握混合运算的运算顺序。 2. 使学生经历由分步列式到用综合算式解决实际问题的过程，感受解决问题方法的多样化。 第五单元：年、月、日 1. 认识时间单位年、月、口，知道大月、小月，平年、闰年，以及季度等方面的知识，了解24时记时法，会用24时记时法正确表示一天中的某一时刻。 2. 运用有关年、月、日的知识，感受数学与生活的联系。 3. 在观察年历的活动中，培养收集、处理信息的能力，感受数学与生活的联系，培养学习数学的兴趣。 第六单元：长方形和正方形的面积 1. 认识面积的含义，知道1平方厘米、1平方分米、1平方米的含义和实际大小，知道平方米、平方分米和平方米和每相邻两个单位之间的进率，会进行简单的单位换算。

续 表

目标\年级	上学期目标	下学期目标
	发思考是解决实际问题常用的策略之一，进一步发展简单推理的能力。 3. 使学生进一步积累解决问题的经验，逐步增强解决问题的策略意识。 第六单元：平移、旋转和轴对称 1. 使学生通过观察实例和动手操作，初步认识物体或图形的平移和旋转，体会生活中的对称现象，知道轴对称图形的一些基本特征，能在一组实物图案或简单平面图形中识别出轴对称图形。 2. 使学生在识别平移或旋转前后的图形，用合适的方法"做"出轴对称图形，进一步增强空间观念，发展初步的形象思维。 3. 使学生增强对图形及其运动变化的兴趣，感受物体或图形的对称美，激发对数学学习的积极情感。 第七单元：分数的初步认识（一） 1. 初步认识分数，知道分数各部分的名称，能正确读、写分数。 2. 能借助直观比较两个分数的大小，会计算简单的同分母分数加、减法。	2. 掌握长方形、正方形面积的计算公式，能正确计算长方形、正方形的面积，并能解决相关的实际问题。 第七单元：分数的初步认识（二） 1. 进一步认识分数，知道把一些物体看作一个整体平均分成若干份，其中的一份或几份也可以用分数表示。 2. 在具体情境中认识几分之一和几分之几，在操作中能学会正确地解答一个数的几分之一和几分之几是多少的实际问题。 第八单元：小数的初步认识 1. 初步体会小数的含义，能认、读、写小数部分是一位数的小数，知道小数各部分的名称。 2. 使学生通过探索，掌握一位小数大小比较的方法和加、减计算的方法，并从中进一步学习简单的数学推理。 第九单元：数据的收集和整理（二） 1. 经历简单数据的收集、整理和分析的过程，学会用统计表表示数据整理的结果。 2. 能从统计的角度找出与数据信息有关的问题，发展数学思考。
四年级	第一单元：升和毫升 1. 通过具体的观察、操作活动，认识容量以及容量单位升和毫升，初步形成1升和1毫升的容量观念，知道升和毫升之间的进率，能进行简单的单位换算。 2. 使学生初步了解测量容量的方法，能根据需要选择合适的容量单位进行测量和估计，培养动手操作的能力和初步的估计意识。 第二单元：两、三位除以两位数 1. 使学生理解并掌握除数是整十数，商是一位数（表内除法的扩展）的	第一单元：平移、旋转和轴对称 1. 使学生通过观察、操作等活动，认识图形的平移和旋转，能在方格纸上按水平或垂直方向将简单图形平移，会在方格纸上将简单图形旋转90°，进一步认识轴对称图形及其对称轴，能画出轴对称图形的对称轴，能在方格纸上补全一个简单的轴对称图形。 2. 使学生经历从平移、旋转和轴对称的角度欣赏、设计图案的过程，积累一些图形运动的经验，初步理解这几种图形运动的基本特征，发展初步的推理能力和空间观念。

续 表

目标 年级	上学期目标	下学期目标
	口算方法，能正确地进行口算，理解两、三位数除以两位数笔算的算理，掌握相应的计算法则，能正确地进行笔算和口算，理解并掌握商不变的规律，能用简便方法计算被除数和除数末尾都有0的除法，理解连除实际问题的数量关系，能正确地进行解答。 2. 使学生经历探索两、三位数除以两位数的计算方法、商不变的规律，以及用连除计算解决实际问题的过程，培养运算能力和推理能力，增强应用意识，提高发现和提出问题、分析和解决问题的能力。 第三单元：观察物体 1. 使学生通过观察、操作、比较，认识物体的前面、右面和上面，会从前面、右面、上面观察由几个同样大的正方体摆成的组合体，能根据观察到的形状正确选择相应的视图，或根据指定的视图正确摆出相应的组合体，体会物体与视图之间的联系。 2. 使学生经历观察物体的全过程，能联系实物或看到的形状进行直观思考，丰富对现实空间的认识，体会数学思考的价值。 第四单元：统计表和条形统计图（一） 1. 使学生经历收集、整理、描述和分析数据的过程，认识简单的统计表和条形统计图，了解它们的结构和特点，会分段整理数据，能用统计表和条形统计图描述数据，能结合统计表、条形统计图对简单数据进行分析和解释。 2. 使学生经历从现实情境出发，探索并发现数学知识的过程，初步理解	第二单元：认识多位数 1. 使学生结合现实的问题情境，了解十进制计数法，认识万级和亿级的计数单位，掌握千亿以内的数位顺序表；理解并掌握含有万级和亿级的数的组成，能正确读、写多位数；会用算盘表示多位数，会比较多位数的大小，会把整万或整亿的数改写成用"万"或"亿"作单位的数，理解近似数的含义，会用"四舍五入"法求一个数的近似数。 2. 使学生在认识多位数的过程中，感受大数在日常生活中的广泛应用，培养独立思考和合作交流的习惯，树立学好数学的信心。 第三单元：三位数乘两位数 1. 使学生经历探索三位数乘两位数笔算方法的过程，掌握三位数乘两位数的笔算方法，能正确地进行笔算，理解和掌握积的变化规律，并能应用积的变化规律口算几百乘几十，能用简便方法笔算乘数末尾有0的乘法。 2. 使学生经历从现实问题中抽象出数量关系的过程，掌握"总价＝单价×数量""路程＝速度×时间"等常见的数量关系，能应用这些数量关系解决一些实际问题。 3. 使学生经历独立思考与合作交流的过程，逐步养成独立思考的习惯，并乐于与他人分享自己的学习成果，获得学习成功的体验，增强对数学学习的积极情感。 第四单元：用计算器计算 1. 使学生初步认识计算器，了解计算器的基本功能，会使用计算器进行大数目的计算，能借助计算器探索并发现些简单的数学规律。 2. 使学生经历运用计算器探索规律，应用所学知识解决问题的过程，培养初步的

目标\年级	上学期目标	下学期目标
	平均数的意义，会求简单数据的平均数（结果是整数），能应用平均数解释一些简单生活现象，解决一些简单实际问题。 **第五单元：解决问题的策略** 1. 使学生经历解决问题的过程，理解有关实际问题的数量关系，体验从条件或问题出发分析数量关系探寻解题思路的策略，能根据需要合理确定解题思路，归纳和总结解决问题的一般步骤，能按一般步骤正确解决相关的实际问题。 2. 学生在参与数学活动的过程中，进一步感受数学知识和方法的应用价值，养成自觉检验、自我反思的习惯和意识。 **第六单元：可能性** 1. 使学生通过换球、投牌、抛正方体等游戏活动，初步了解事件发生的确定性和不确定性，感受简单随机现象，列举出简单随机现象中所有可能发生的结果。 2. 使学生在具体的情境中，通过实例感受随机现象发生结果的可能性是有大小的，能对一些简单的随机现象发生的可能性大小作出定性描述，并能进行交流。 **第七单元：整数四则混合运算** 1. 使学生认识中括号，理解并掌握三步混合运算的运算顺序，能正确进行三步混合运算式题的计算，进一步体会分析稍复杂的实际问题数量关系的过程，能列综合算式解决有关的三步计算的实际问题。 2. 使学生在运用所学知识解决实际问题的过程中，体会数学与生活的联系，感受数学的应用价值。 **第八单元：垂线和平行线**	探索意识和实践能力。 3. 使学生在使用计算器解决问题的过程中，体验用计算器计算的优点，培养对数学学习的兴趣。 **第五单元：解决问题的策略** 1. 使学生在解决实际问题的过程中，学会画图描述问题，能借助直观图示分析数量关系，正确解答有关的实际问题。 2. 使学生经历解决实际问题的过程，感受画图描述和分析问题对于解决问题的价值，培养几何直观，提高分析和解决问题的能力。 **第六单元：运算律** 1. 使学生经历探索加法和乘法运算律的过程，理解并掌握加法和乘法的交换律、结合律，以及乘法分配律，能应用这些运算律进行一些简便运算，解决实际问题。 2. 使学生在探索、发现加法和乘法运算律的过程中，培养比较和分析、抽象和概括、归纳和类比等能力。 **第七单元：三角形、平行四边形和梯形** 1. 使学生联系生活实例，认识并掌握三角形、平行四边形、梯形的基本特征，认识三角形、平行四边形、梯形的底和高，能正确地测量或画出三角形的高（高在三角形内），以及平行四边形和梯形的高。 2. 使学生在动手操作的过程中，了解三角形的三边关系，知道三角形的内角和是180°，认识直角三角形、锐角三角形和钝角三角形，认识等腰三角形和等边三角形，能判断一个三角形是什么三角形，认识等腰梯形，能运用所学知识解释一些生活现象，解决简单的实际问题。 **第八单元：确定位置** 1. 使学生联系具体的情境认识列和行的含

续 表

目标 年级	上学期目标	下学期目标
	1. 使学生通过观察、操作和交流，认识射线、直线，了解线段、射线、直线之间的联系和区别，认识两点间的距离，知道两点间所有连线中线段最短。 2. 进一步认识角的特征，会用量角器量角，会画指定度数的角，了解角的分类方法，掌握锐角、直角和钝角的特征，知道平角和周角，了解各类角之间的大小关系，认识垂线和平行线，会用直尺、三角尺等工具画垂线和平行线，知道点到直线的距离，会确定和测量点到直线的距离。	义，知道确定第几列、第几行的规则，初步理解数对的含义，会用数对表示平面上点的位置（限正整数）。 2. 使学生经历用数对描述实际情境中物体的位置到用数对描述方格图上点的位置的过程，逐步掌握用数对确定位置的方法，丰富对现实空间和平面图形的认识，发展空间观念。
五年级	第一单元： 负数的初步认识 1. 初步认识负数，知道正数和负数的读、写法。 2. 体会数学与日常生活的联系，灵活运用负数。 第二单元： 多边形的面积 1. 正确计算平行四边形、三角形和梯形的面积； 2. 估计不规则图形的面积，认识公顷和平方千米，能解决与面积计算相关的实际问题。 第三单元： 小数的意义和性质 1. 理解小数的意义和性质，会改写成用"万"或"亿"作单位的小数，会求一个小数的近似数。 第四单元： 小数加法和减法 1. 掌握小数加、减法的计算方法。 2. 感受应用数学知识解决实际问题的过程。 第五单元： 小数乘法和除法 1. 体会小数乘法和除法的意义，理解小数乘、除法的计算方法，正确计算小数乘、除法，以及简单的小数四则混合运算，能应用相关计算解决实际问题。	第一单元： 简易方程 1. 理解并掌握等式的性质，并能用等式的性质解简单的方程。 2. 会用方程解决简单的实际问题。 第二单元： 折线统计图 1. 掌握单式、复式折线统计图的制作方法，会读单式、复式折线统计图。 2. 能根据折线统计图提供的信息，进行简单的数据分析、整理、预测。 第三单元： 因数和倍数 1. 理解倍数和因数的含义，掌握求一个数的因数和倍数的方法。 2. 掌握2、3、5的倍数的特征，知道奇数和偶数的意义。 3. 认识质数和合数，理解质因数的意义，掌握分解质因数的方法。 4. 理解并掌握公因数和最大公因数的意义，理解并掌握公倍数和最小公倍数的意义，会求一个数的公倍数和最小公倍数。 第四单元： 分数的意义和性质 1. 理解分数的意义，明确分数和除法的关系，能进行分数和小数的互化。 2. 认识真分数、假分数、带分数，能把假分数化成带分数，掌握分数的基本性

续 表

目标\年级	上学期目标	下学期目标
	2. 使学生进一步理解小数近似数的含义，初步学会根据解决问题的需要采用"去尾"或"进一"的方法求一个小数的近似值。 第六单元： 统计表和条形统计图 1. 认识复式统计表，能根据收集的数据正确填写复式统计表，能对统计表中的数据进行简单的分析。 2. 能通过对数据的分析解决一些简单的实际问题。 第七单元 解决问题的策略 1. 会用列举的策略解决简单实际问题。 2. 能有条理地分析相关实际问题中的数量关系。 第八单元： 用字母表示数 1. 使学生初步理解并学会用字母表示数，会用含有字母的式子表示数量、数量关系和计算公式； 2. 初步学会根据字母所取的价值，求简单的含有字母式子的值，会化简形如"ax±bx"的式子。	质，会比较分数的大小，能进行约分和通分。 第五单元： 分数加减法 1. 理解异分母分数加减法的算理，并能正确计算异分母分数的加、减法。 2. 掌握分数加减混合运算的顺序和计算方法，并能熟练计算分数加减混合运算。 第六单元： 圆 1. 认识圆的特征，知道圆各部分的名称，会画圆，理解圆周率的含义。 2. 理解扇形、圆心角等概念，理解圆的周长和面积，会计算圆的周长和面积，认识圆环，会计算圆环的面积，并能计算与圆有关的组合图形的面积，能解决与圆有关的实际问题。 第七单元： 解决问题的策略 1. 学生初步学会运用转化的策略分析问题。 2. 灵活确定解决问题的思路，并能根据问题的特点确定具体的转化方法，从而有效地解决问题。
六年级	第一单元： 长方体和正方体 1. 使学生通过观察、操作等活动认识长方体、正方体及其展开图，知道长方体和正方体的面、棱、顶点以及长、宽、高（棱长）的含义，掌握长方体和正方体的基本特征。 2. 使学生通过动手实验和对具体实例的观察，了解体积（容积）的意义及其常用的计量单位，初步具有1立方米、1立方分米、1立方厘米实际大小的观念，会进行相邻体积单位的换算。 3. 使学生在具体情境中，经历操作、猜想、验证、讨论、归纳等数学活动过程，探索并掌握长方体和正方	第一单元： 扇形统计图 1. 使学生联系现实的问题情境，认识扇形统计图，了解扇形统计图的特点与作用，能读懂扇形统计图。 2. 使学生经历运用统计知识和方法解决问题的过程，对统计图数据进行一些合理的分析，发展数据分析观念。 第二单元： 圆柱和圆锥 1. 通过观察、操作等活动认识圆柱和圆锥，知道圆柱和圆锥底面、侧面和高的含义，掌握圆柱和圆锥的基本特征。 2. 使学生在具体情境中，经历操作、猜想、估计、验证、讨论、归纳等活动过程，能解决与圆柱表面积以及圆柱

续 表

目标\年级	上学期目标	下学期目标
	体的表面积以及体积的计算方法，能解决与表面积和体积计算相关的一些简单实际问题。 4. 使学生在活动中进一步积累空间与图形的学习经验，增强空间观念，发展数学思考。 5. 使学生进一步体会图形学习与实际生活的联系，感受图形学习的价值，提高数学学习的兴趣和学好数学的自信心。 第二单元： 分数乘法 1. 使学生理解分数乘法表示的意义，理解和掌握分数乘法的计算法则，并能比较熟练地计算分数乘法。 2. 使学生理解求一个数的几分之几是多少的应用题的数量关系和解题思路，掌握解题方法。 3. 使学生掌握分数乘法和加、减法的混合运算，理解整数乘法运算定律对于分数乘法同样适用，并能运用这些定律进行一些简便的运算，进一步提高计算能力。 4. 使学生理解倒数的意义，掌握求倒数的方法，能熟练地求一个数的倒数。 第三单元： 分数除法 1. 使学生体会分数除法的意义，理解并掌握分数除法的计算方法，能正确计算分数（不含带分数）除法以及分数连除和乘除混合的算式，能列方程解答已知一个数的几分之几是多少，求这个数的简单实际问题。 2. 使学生经历探索分数除法的计算方法和应用分数知识解决简单实际问题的过程，进一步培养分析、比较、抽象、概括、归纳、类推的能力，增强数感，发展数学思考。	和圆锥体积计算相关的一些简单实际问题。 第三单元： 解决问题的策略 1. 使学生在解决实际问题的过程中，学会用转化的策略寻求解决问题的思路，并能根据具体的问题确定合理的解题方法，从而有效地解决实际问题。 2. 在解决实际问题的过程中，通过把转化策略与学过的相关解决问题的方法进行比较，体会转化策略的内在价值，提高从不同角度分析问题的能力。 第四单元： 比例 1. 使学生初步理解图形的放大和缩小，能利用方格纸按一定的比例将简单图形放大或缩小，初步体会图形的相似，进一步发展空间观念。 2. 联系图形的放大和缩小理解比例的意义，认识比例的"项"以及"内项"和"外项"，理解并掌握比例的基本性质，会应用比例的基本性质解比例。 3. 使学生结合实例，初步理解比例尺的意义和作用，会求平面图的比例尺，能看懂线段比例尺，能按给定的比例尺求相应的图上距离或实际距离。 第五单元： 确定位置 1. 使学生在具体情境中初步理解北偏东（西）、南偏东（西）的含义，初步掌握用方向和距离确定物体位置的方法，根据给定方向和距离在平面图上确定物体的位置或描述简单的行走路线。 2. 使学生在用方向和距离确定物体位置的过程中，进一步培养观察能力、识图能力和有条理地进行表达的能力，发展空间观念。 3. 使学生积极参与观察、测量、画图、交流等活动，获得成功的体验，体会数学

续 表

目标\年级	上学期目标	下学期目标
	3. 使学生进一步体会分数在日常生活中的应用，增强自主探索与合作交流的意识，提高学好数学的信心。 4. 使学生在现实情境中理解比的意义，掌握比的读、写方法，知道比的各部分名称以及比与分数、除法的关系，理解并掌握比的性质，能应用比的意义和基本性质求比值、化简比，能应用比的知识解答按比例分配的实际问题。 5. 使学生经历比的概念的抽象过程，经历探索比与分数、除法的关系以及比的基本性质的过程，积累数学活动的经验，进一步体会数学知识之间的内在联系，培养观察、比较、抽象、概括以及合理推理的能力。 6. 使学生在经历用比描述生活现象、解决简单实际问题的过程中，感受比与日常生活的密切联系，感受数学知识和方法的应用价值，增强自主探索与合作交流的意识，提高学好数学的自信心。 第四单元： 解决问题的策略 1. 使学生在解决实际问题的过程中初步学会运用假设的策略、分析数量关系、确定解题思路，并有效地解决问题。 2. 使学生在对自己解决实际问题过程的不断反思中，感受假设的策略对于解决特定问题的价值，进一步发展分析、综合和简单推理能力。 3. 使学生进一步积累解决问题的经验，增强解决问题的策略意识，获得解决问题的成功经验，提高学好数学的信心。 第五单元： 分数四则混合运算 1. 使学生联系已有的整数、小数四则	知识与生活实际的联系，拓宽知识视野，激发学习兴趣。 第六单元： 正比例和反比例 1. 使学生结合实际情境认识成正比例和反比例的量，能根据正反比例的意义判断两种相关联的量是否成正比例或者反比例。 2. 使学生初步认识正反比例的图像是一条直线，能利用给出的具有正比例关系的数据在方格纸上画出相应的直线，能根据具有正比例关系的一个量的数值看图估计另一个量的数值。 第七单元： 总复习 1. 使学生结合实例认识扇形统计图，能联系对百分数意义的理解，对扇形统计图提供的信息进行简单的分析，提出或解决简单的实际问题，初步体会扇形统计图描述数据的特点。 2. 通过具体的实例，初步理解平均数的意义，会求一组数的平均数，能根据具体的问题选择适当的统计量表示一组数据的特征，体会不同统计量的特点。 3. 在认识扇形统计图的过程中，经历运用数据描述信息、作出判断、解决简单实际问题的过程，发展统计观念。 4. 使学生进一步理解整数、小数、分数和百分数的意义，沟通小数的性质和分数的基本性质，体会整数和小数，小数和分数、分数和百分数的内在联系；掌握因数与公因数，倍数与公倍数，奇数与偶数，质数与合数的含义。 5. 使学生进一步加深对整数、小数和分数灵活地进行相关四则混合运算的能力。 6. 使学生进一步体会方程的意义和思想，会用等式的性质解一些简单的方程，能列方程解答一些需要两、三步计算的实际问题，提高用含有字母的式子表示数量关系的能力，增强符号意识。

目标 年级	上学期目标	下学期目标
	混合运算的知识，理解并掌握分数四则混合运算的运算顺序，并能正确进行分数四则混合运算，了解整数运算律对分数同样适用，并能应用运算律进行有关分数的简便计算。 2. 使学生学会用分数乘法和加、减法解决一些稍复杂的实际问题，进一步积累解决问题的策略，增强数学应用意识。 3. 使学生在运用已有知识和经验进行分数四则混合运算的过程中，进一步体会数学知识之间的内在联系，体会数学知识和方法在解决问题中的价值，获得成功的乐趣，提高数学学习的兴趣和学好数学的信心。 第六单元： 百分数 1. 使学生在现实情境中，理解百分数的意义，会正确读、写百分数，能正确进行百分数与小数、分数的互化，会解答有关求一个数是另一个数的百分之几的简单实际问题。 2. 使学生在理解百分数的意义，探索百分数与小数、分数互化的方法，以及解决相关实际问题的过程中，进一步体会数学知识间的内在联系，增强思维的深刻性，发展数感。 3. 使学生在用百分数表达和交流生活现象、解决简单实际问题的过程中，体会百分数与生活的密切联系，增强自主探索与合作交流的意识，进一步树立学好数学的信心。 4. 使学生在运用百分数解决实际问题的过程中，初步理解税率、利率、折扣的含义，知道它们在实际生活中的应用，能解决相关的实际问题。	7. 进一步认识分数、百分数，掌握分数、百分数以及小数和整数间的互化。 8. 理解整数四则运算的意义和方法，能正确进行相关的口算、笔算和估算，明确四则运算顺序以及有关运算律的内容。 9. 在应用百分数解决实际问题的过程中学会计算含有百分数的问题，初步理解税率、利率、折扣的含义，知道它们在实际生活中的应用。 10. 使学生进一步理解比的意义和基本性质，理解比与分数、除法之间的联系，能根据要求求比值、化简比，理解比例的意义和基本性质，会解比例，认识成正比例和反比例的量，感受表示数量关系及其变化规律的不同数学模型，能运用比和比例的知识解决一些简单实际问题，丰富解决问题的策略，积累解决问题的经验。 11. 进一步加深对有关图形的基本特征及其相互关系的认识，明确有关平面图形面积公式以及常见几何体积公式的推导过程，体会公式推导过程中的基本数学方法，会解答有关平面图形周长、面积和常见几何体表面积、体积计算的简单实际问题，发展空间观念。 12. 使学生进一步体会图形的平移与旋转、放大与缩小，加深对轴对称图形的认识，能根据制定的要求对简单平面图形进行适当的变换；掌握描述物体间位置关系的不同方法，能按指定要求在平面图上确定物体的位置或描述简单的行走路线，增强利用几何直观进行思考的能力。 13. 使学生进一步掌握收集、整理、描述和分析数据的方法，感受各种统计图表和统计量的不同特点，能根据具体问题选择合适的统计图表或统计量表

续 表

目标\年级	上学期目标	下学期目标
	5. 使学生理解并掌握解决有关百分数的实际问题的基本思考方法，进一步积累解决问题的经验，增强数学应用意识。	示数据，能根据统计图表和统计量所呈现的信息进行一些简单的分析和思考，增强数据分析意识，发展统计观念。 14. 使学生进一步体会事件发生的可能性的含义，知道可能性是有大有小的，会计算一些简单事件发生的可能性，体会游戏规则的公平性，能判断简单游戏的规则是否公平，能设计简单的公平游戏规则。

第三节

营造快乐的思考氛围

"智思数学"希望儿童在数学学习中能够乐于思考、获取智慧，在数学活动中运用数学思维解决生活问题，在生活中积累数学经验，探究分析数学知识，感受数学的魅力，提高数学学习兴趣，发展数学思维。体会数学学习的快乐，拓展儿童的数学思维。

一、学科课程结构

依据《义务教育数学课程标准（2011版）》，在各学段中，安排了四个部分的课程内容："数与代数、空间与图形、概率与统计、综合与实践"[①]。"智思数学"课程设置了四大类课程，即"智思运算""智思创意""智思统计""智思体验"，具体课程结构图如下（图1-1）。

下图中，各板块课程具体描述如下：

1. "智思运算"是"数与代数"这个课程领域相关联的课程，旨在建立儿童的数感，发展儿童的运算能力，激发儿童学习数学的兴趣，更有助儿童理解运算的算理，寻求合理简捷的运算途径解决问题。因此，智思运算是提升儿童运算能力、培养儿童良好运算习惯的数学活动课程，开设的课程有"运算小能手""除除有余""简单的周期""探索规律""数学小趣闻""小小粉刷匠""神秘的测量学"等。

---

① 中华人民共和国教育部. 义务教育数学课程标准（2011年版）[S]. 北京：北京师范大学出版社，2012：4.

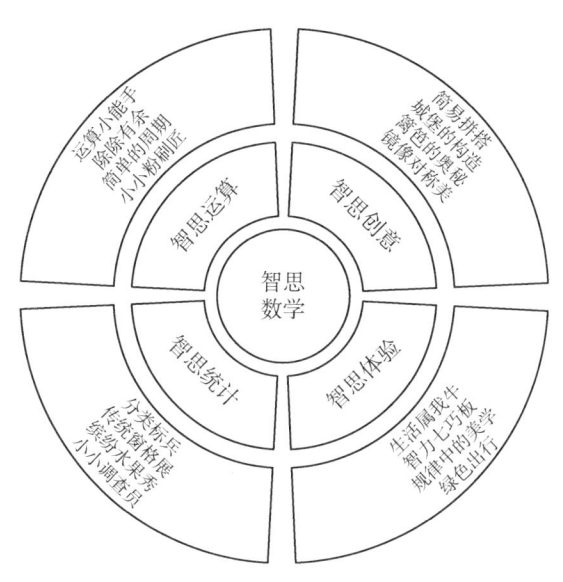

图1-1 "智思数学"课程结构图

2. "智思创意"是"图形与几何"这个课程领域相关联的课程，注重发展儿童的空间观念，经历拼搭图形的过程，体会图形之间的联系与变化，在活动中提高动手操作的能力，发展初步的创新意识，感受图形之美。因此，智思创意是空间图形、数学模型等相关的数学活动课程，开设的课程有"简易拼搭""城堡的构造""篱笆的奥秘""镜像对称美""校园中的测量""生活中的对称美"等。

3. "智思统计"是"统计与概率"这个课程领域相关的课程。让儿童在数学活动中体会数据的收集、数据的整理、数据的分析等过程，培养儿童的数据分析观念，并通过实际生活中调查收集数据，感受获取数据的过程，体会数学与生活的联系。因此，智思统计就是培养儿童数据分析、数据应用和数据推理能力等相关的数学活动课程，开设的课程有"分类标兵""传统窗格展""缤纷水果秀""精彩篮球赛""小小调查员""预见根和芽""生活中的比""我的统计我做主"等。

4. "智思体验"是"综合与实践"这个课程领域相关联的课程。这一类课程主要是以儿童的实际生活为背景，通过数学问题，让儿童实际参与进去，引导学生积极的思考问题，鼓励儿童发现问题，提高学生的应用意识和实践能力。因此，智思体验就是创设生活情境，帮助儿童解决生活问题的数学活动课程，开设的课程有"生活属我牛""购物我在行""智力七巧板""小小导游""规律中的美学""滚动数学""绿色出行""九连环活动""描述行动路线"等。

二、学科课程设置

为实现学科课程总目标和年级目标，根据上述学科课程结构，"智思数学"课程设置如下（表1-2）。

表1-2 "智思数学"课程设置表

年级（学期）		智思运算（数与代数领域）	智思创意（图形与几何领域）	智思统计（统计与概率领域）	智思体验（综合与实践领域）
一年级	上学期	运算小能手	简易拼搭	分类标兵	生活属我牛
	下学期	我说你算	城堡的构造	整理我能行	购物我在行
二年级	上学期	口算小能手	篱笆的奥秘（一）	传统窗格展	智力七巧板
	下学期	除除有余	篱笆的奥秘（二）	缤纷水果秀	小小导游
三年级	上学期	计算小能手（一）	镜像对称美	生日party	规律中的美学
	下学期	计算小能手（二）	校园中的测量	精彩篮球赛	巧算"24点"
四年级	上学期	简单的周期	生活中的对称美	小小调查员	滚动数学
	下学期	探索规律	三角形的奥秘	生长的秘密	绿色出行
五年级	上学期	数学小趣闻（一）	折纸中的分数	预见根和芽	九连环活动
	下学期	小小粉刷匠	分数妙算	生活中的比	小小调查员
六年级	上学期	神秘的测量学	动手操作学数学	家庭消费我参与	描述行动路线
	下学期	数学小趣闻（二）	折纸中的分数	我的统计我做主	九连环活动

第四节

迸发综合的探究活力

数学学习的过程注重师生互动、生生互动、共同提高。组织数学活动时既要考虑儿童的思考过程，也要考虑儿童的直接经验。因此，数学课程的实施要符合儿童的认知规律，贴近儿童的生活实际，为儿童留有足够的时间和空间，去发现、去探索、去学习，让儿童在实际操作和实践探索中学习数学，帮助儿童体验、理解和思考。为此，根据"智思数学"的课程理念、学科性质、课程目标等方面的要求将从"智思课堂""智思课程群""智思数学节"和"智思探究"四个方面进行课程的实施与评价，让学生充分感受数学的活力。

一、构建"智思课堂"，让"教""学"共同生长

"智思课堂"力图体现"尊重、温暖、思考、成长"的课堂文化核心，坚守"智从思生、思由智来、智思共生"的科学理念，兼顾"趣味性、主体性、参与性、发展性、创新性"。让儿童在学习中学会思考，在活动中获取智慧。

（一）"智思课堂"的实施

1. 创设情境，激发兴趣。创设教学情境是教师结合生活实际，将生活融入数学知识中，为儿童的数学学习提供素材，使儿童在活动情境中发散数学思维，激发数学学习兴趣，让儿童在玩中学，在学中玩。

教学实践中，教师备课要立足儿童已有的经验基础，充分考虑儿童的兴趣，根据学习内容，为儿童提供文本、音像、视频等各种教学资源，创设儿童感兴趣的情境，调动儿童的学习热情。

2. 互动对话，积极质疑。根据教师创设的情境，儿童在教师的组织和引导

下结合新知,与同伴讨论、交流、互动,在交互的对话中,互相质疑,共享集体思维成果,体验交流之趣,使儿童对所学内容有正确的理解和全面的掌握。

3. 展示研讨,智慧分享。鼓励儿童展示小组交流的结果,感受学习分享的趣味。及时评价儿童在展示分享中所反映的情感、态度、策略等方面,鼓励儿童自我纠正、自我提高。

4. 拓展延伸,共同成长。课堂的拓展延伸不仅是儿童知识学习的扩展,也是教师教学成果的检验,体现师生教学相长、共同进步。以儿童的生成作为"蓝本",在独立建构的基础上,思维相互碰撞,数学知识在师生的思辨中逐渐明晰、完善,从而建构知识体系。

(二)"智思课堂"的评价要求

根据"智思课堂"的理念,我们设计了"智思课堂"评价表,分为"因材施教"和"学有所获"两个模块,评价表如下(表1-3)。

表1-3 "智思课堂"评价表

课题		执教人		评课人		班级	
维度		A	B	C	D		
		85—100分	75—84分	60—74分	少量达到或未达到		
因材施教	趣味性 30分	1. 目标明确。学习目标的制定明晰、正确,叙写规范。 2. 以学定教。立足儿童已有的生活经验,充分考虑儿童的兴趣,根据学习内容,挖掘各种教学资源。 3. 因材施教。顾及每个儿童的差异,选用不同的教学方法。					
	主体性 20分	1. 活动自主。要体现儿童独立发现问题、提出问题,并作出假设、验证问题、得出结论的过程。 2. 赏识激励。关注学习过程、课堂评价及时、准确、丰富。 3. 寓教于乐。教态亲切语言亲和,方法灵活。					
学有所获	参与度 20分	1. 互帮互学。 2. 乐思善述。儿童的思维有广度和深度,勇于表达。 3. 积极参与。在学习过程中儿童积极、投入,气氛活跃。					
	发展性 20分	1. 知行合一。注重知识与生活实践相结合,体现过程与结果的统一,培养儿童学习技能。 2. 目标达成。实现"教—学—评"的过程。学习目标达成度高。 3. 乐思共生。教学中实现学数学中玩,玩中思考。					
创新性10分		恰当运用电子白板等多媒体、理念先进,教师创教、儿童创学,课堂中有创新点。					

二、建设"智思课程",让数学素养得以提升

依据《义务教育数学课程标准（2011版）》和学校数学学科师资力量，结合教师自身特长，以国家统编教材为原点，按照"1＋X"形式组建数学学科课程群，"1"是指整合后的基础性课程，"X"是指个性化发展的拓展性课程，是基础性课程的拓宽与延伸，是对基础课程的强化和夯实，是一个主题明晰的内容系列，是采用多样的相对固定的形式与时间的"微课程"。

（一）"智思课程"的开发

1. 根据儿童自身的经验、兴趣爱好，结合社会发展需要，选择数学知识拓展的内容与方向。

2. 利用每周四下午两节课后集中开设"智思数学"课程群相关课程，打破班级、年级限制，让儿童学习自己感兴趣的课程。

3. 教师在"智思数学"课程群教学中，组织形式多样的学习活动，让儿童在这些活动中内化知识提升技能，培养儿童学习兴趣，开发儿童数学学习潜能。

（二）"智思课程"的评价

教师根据儿童课堂表现和任务完成情况，结合儿童课堂参与热情、团队合作意识和学习体会等情况，详细记录相关数据，对儿童进行全面评价。提高儿童数学知识和技能，提升综合实践能力，使儿童在自学、合作探究过程中发展批判性思维，促进儿童发现问题、分析问题和解决问题的能力，培养儿童探索、创新精神，开发儿童数学学习潜能。

评价方式一是自我评价，儿童在教师的帮助下，根据"智思数学"课程群评价目标确立评价方法，进行自我评价。二是教师评价，由教师通过观察、记录儿童在课程群学习活动过程中的表现，结合形式多样的作品和作业对儿童进行评价。三是相互评价，儿童依据师生共同确立的评价量表进行相互评价，评价量表如下（表1-4）。

表1-4 "智思数学"课程群评价量表

等级 \ 指标及权重	优	良	合格	不合格
	完全达到	基本达到	部分达到	少量达到或无达到
解放10分 1. 尊重儿童主体地位； 2. 关注层次不同的儿童学习需求。				
	10—9分	8—7分	6分	6分以下

续表

等级 指标及权重	优 完全达到	良 基本达到	合格 部分达到	不合格 少量达到或无达到
丰富 10 分	1. 创造性使用教材； 2. 综合能力全面发展。			
	10—9 分	8—7 分	6 分	6 分以下
立体 20 分	1. 注重学科资源的整合与开放； 2. 多媒体技术配合运用有效、得当。			
	20—18 分	17—14 分	13—12 分	12 分以下
微笑 20 分	1. 重情境创设，关注课堂生成； 2. 善于激励调控，注重接受与探究方式的结合。			
	20—18 分	17—14 分	13—12 分	12 分以下
缤纷 20 分	1. 教学方式多彩，提高课堂效率； 2. 评价方式有效，促进儿童发展。			
	20—18 分	17—14 分	13—12 分	12 分以下
童趣 20 分	1. 学习情绪饱满，全程投入； 2. 善于观察、思考，与同伴合作； 3. 乐于表达个人见解，敢于质疑，善于探究。			
	20—18 分	17—14 分	13—12 分	12 分以下
积分总计				
总评	A：100—90 分	B：89—70 分	C：69—60 分	D：60 分下

三、举办"智思数学节"，激发学生的数学学习兴趣

我们以"智思数学"课程理念为指导，举办"智思数学节"，通过开展系列丰富多彩、充满趣味的数学活动，激发儿童数学学习兴趣，让儿童感受数学与生活的紧密联系，体会数学的应用价值和文化内涵，并从数学知识的运用中获得成功的情感体验。

（一）"智思数学节"的实施

为了让每一个儿童参与数学活动，体会数学价值，学校定于每年12月开展"智思数学节"活动。"智思数学节"设置了"智慧思考，我会算——口算比赛""智慧思考，我会画——数学手抄报评比""智慧思考，我会秀——旋转魔方比赛""智慧思考，我会演——数学课本剧比赛""智慧思考，我会写——数学小日记评比"等活动。这一系列活动，为儿童提供展示自己的平台，让

他们都能找到自己学习数学的兴趣点，积极主动地参与到"智思数学节"活动中，提升自身数学素养。

（二）"智思数学节"的评价要求

"智思数学节"活动多样，我们根据不同的活动采用了不同的评价标准（表1-5）。

表1-5 "智思数学节"评价表

评价内容	评价标准	评价等级
智慧思考，我会算——口算比赛	1. 正确率高。 2. 口算速度快。	按照评价标准分设相关奖项。
智慧思考，我会画——数学手抄报评比	1. 主题鲜明，体现数学味。（30分） 2. 版面布局合理，色彩鲜明。（30分） 3. 字迹清晰，书写工整。（20分） 4. 内容和设计具为原创。（20分）	按评价标准分设以下奖项： 一等奖：10名 二等奖：15名 三等奖：20名
智慧思考，我会秀——旋转魔方比赛	1. 魔方还原时间短，还原速度快。 2. 操作规范。	按照评价标准分设相关奖项。
智慧思考，我会演——数学课本剧比赛	1. 内容与数学文化息息相关，选材积极向上。（30分） 2. 情节完整，构思巧妙。（20分） 3. 语言流畅，节奏优美。（20分） 4. 表达得体，富有创意。（20分） 5. 衣饰得体，演出具有感染性。（10分）	按评价标准分设以下奖项： 一等奖：5名 二等奖：10名 三等奖：10名
智慧思考，我会写——数学小日记评比	1. 内容与数学知识紧密相关，符合科学性。（30分） 2. 语言叙述清晰，语句通畅。（30分） 3. 内容新颖，层次清楚。（20分） 4. 总结数学学习中的收获与思考。（20分）	按评价标准分设以下奖项： 一等奖：10名 二等奖：15名 三等奖：20名

四、设计"智思探究"，发展数学综合探究能力

课程改革深入实施以来，培养儿童的自主探究能力成为大家的共识。因此，在智思数学教学过程中，教师运用多种教学方法，引导儿童自主提出问题、分析问题并解决问题，发展儿童的自主探究能力。

(一)"智思探究"的实施

1. 创设问题情境,提高儿童探究能力。探究的前提是发现问题,发现问题、解决问题的意识培养是提高探究能力的关键因素。因此,培养儿童自主探究能力,我们可以通过创设有效的问题情境,引导儿童结合教材内容在发现问题解决问题的过程中,进行自主探究,逐渐培养其问题意识。

2. 倡导一题多解,培养儿童探究意识。一题多解是让儿童对同一道习题或同一个问题,运用不同的解题思路解决。在这样的探究过程中,要摒弃"多做题,见足够多的题"的思路,引导儿童学会举一反三、触类旁通。通过一题多解的能力培养,不仅能让儿童积累解题经验,提高解题能力,还培养了儿童的问题探究意识。

3. 借助多元评价,为儿童创立探究环境。评价是数学课堂中不可缺少的一部分,因此在实际教学过程中,我们可以借助多元化的评价模式来帮助儿童正确的认识自己,充实学习的信心,拉近师生之间关系,促使儿童愿意在和谐的课堂环境中引发探究的欲望。

在"智思探究"的实施过程中,我们要对儿童所找寻的解题思路给予肯定性的评价,不要因为儿童的解题思路比较复杂,而否定儿童或者不给予回应。这样能保持儿童那份探究的欲望,提高儿童的思考探究能力。在新课程改革的背景下,作为数学教师要更新教育教学观念,立足于数学教材选择恰当的教学方法,使儿童在自主探究中获得全面的发展。

(二)"智思探究"的评价要求

基于实施过程中的具体措施,我们从学习态度、学习方式、参与程度、探究活动等方面确定了"智思探究"的评价表(表1-6)。

表1-6 "智思探究"评价表

评价项目	评价项目及等级描述	评价等级	
过程性评价 (权重:80%)	评价项目: 一、学习态度 等级描述: 1. 学习目标明确,重视学习过程的反思,积极优化学习方法。 2. 逐步形成浓厚的学习兴趣。	优秀20分,良好15分,合格12分。	
		评价项目	分值
		参与意识	
		实践能力	

续 表

评价项目	评价项目及等级描述	评价等级	
	3. 保质保量按时完成作业。 4. 重视自主探索、自主学习，拓展视野。 二、学习方式 等级描述： 1. 儿童个体的自主学习能力强，会倾听、思考、表达和质疑。 2. 儿童普遍有浓厚的学习兴趣，在学习过程中参与度高。 3. 儿童能够在分工明确的前提下有序有效地合作探究。 4. 儿童能够独立发现问题、提出问题，并作出假设、验证问题、总结结论。 三、参与程度 等级描述： 1. 认真参加学习活动，在活动中发现问题，解决问题。 2. 逐步提高表达与交流能力。 3. 积极参加探究、建模活动，加强文化的学习。 4. 积极参加实践活动等。 四、探究活动 等级描述： 1. 积极尝试、体验研究的过程； 2. 逐步形成严谨的科学态度，不怕困难的科学精神； 3. 勇于质疑、善于反思，有创新意识； 4. 善于观察、分析数学事实，提出有思考的问题，猜测、探究相关的结论和规律，并给出有依据的解释。	评价项目	分值
		合作意识	
		创新意识	
		总分值	
		备注	
终结性评价 （权重：20%）	评价标准： A. 优（20分）：能从多方面准确表达自己的数学想法，有多种解题思路。 B. 良（15分）：能正确表达自己的探究过程及想法。 C. 中（10分）：基本能正确表达自己的探究过程及思路。 D. 差（5分）：不能准确表达自己的探究思路，不能完成题目。 评价方式二： 定性评价：教师撰写儿童的终结性评价报告。	取得分值：	
		备注	

综上所述,"智思数学"是注重儿童智力的发展,促进儿童思维发散的数学。从开设"智思课堂"、建设"智思数学"课程群、开展"智思数学节"、设计"智思探究"这四个方面的实施和评价,建构数学学习和儿童思维发展的途径,丰富儿童的视野,让每一个儿童都能得到全面的发展。

(撰稿者:王长发 刘世保 王亚之 韩文清 骆云)

第二章

基于课程目标的决策

基于课程目标的决策的意义在于,使制定的教学目标既符合课程标准的要求,又符合儿童的实际情况,同时,它又是一种自主的思维活动,它能真正地体现决策者的主体性,而且在数学决策的活动序列里可以看到抽象、概括、判断、推理、运算、想象、构造等各种各样的数学意义。最重要的是,基于课程目标的决策对整个教学过程都发挥着指导作用,是课堂教学最重要的依据,是课堂教学的总指挥,是课堂教学的终极归宿。

《义务教育数学课程标准（2011 年版）》指出："义务教育阶段数学课程目标分为总目标和学段目标，从知识技能、数学思考、问题解决、情感态度四个方面加以说明。"[①] 根据《义务教育数学课程标准（2011 年版）》此阶段的数学学习能使儿童：1. 掌握数学学习的四基：（1）基础知识（2）基本技能（3）基本思想（4）基本活动经验，以适应社会发展的需要；2. 理解数学的三种联系：（1）数学知识与知识（2）数学与其他学科（3）数学与生活；3. 认识学习数学的三方面价值：（1）提高解决实际问题的能力（2）培养初步的创新意识（3）树立严谨的科学态度。

众所周知，问题解决是数学教学的关键目标，而基于课程目标的决策正是这个关键环节的先行者。基于课程目标的决策的教学意义就在于，使制定的教学目标既符合课程标准的要求，又符合儿童的实际情况，同时，它又是一种自主的思维活动，它能真正地体现决策者的主体性，而且在数学决策的活动序列里可以看到抽象、概括、判断、推理、运算、想象、构造等各种各样的数学意义。最重要的是，基于课程目标的决策对整个教学过程都发挥着指导作用：是课堂教学最重要的依据，是课堂教学的总指挥，是课堂教学的终极归宿。

那么，怎样制定出一个行之有效的基于课程目标的决策呢？

第一，在数学课程目标的基础上反复研读教材，制定具体详细的教学计划，每个环节都应不断思考：1. 期待儿童学会什么知识？ 2. 期待儿童学到哪些能力？ 3. 期待儿童掌握哪些方法？ 4. 期待儿童到达什么层次？——完成"双基"目标的要求。"双基"目标要求学生通过数学课程的学习掌握扎实的基础知识，获得熟练的基本技能。"双基"在人们的认识和实践中都有很高的认可度，同时"双基"也是我国数学教育的优势，在新课程下仍应该继续和保持。

第二，明确儿童所需掌握的知识、内容、方法和技能，能对儿童的思想教育起到什么样的作用，儿童的道德情操能有多大程度的提高。——完成"基本思想"目标的要求。"基本思想"其实就是让儿童学会用数学思考。

[①] 中华人民共和国教育部. 义务教育数学课程标准（2011 年版）[S]. 北京：北京师范大学出版社，2012：4.

"基本思想"主要包括数学抽象的思想(数学从无到有)、数学推理的思想(数学内部进行推演)和数学建模的思想(数学的应用)。这三种思想反映了数学构建、丰富和应用的全过程。

第三,明确增加儿童的活动经验应从哪里开始入手,儿童数学和生活数学应如何相互融合,通过活动经验如何培养儿童的分析力和创造力。——完成"基本活动经验"目标的要求。首先,数学活动是带有明确的数学目标的,需要通过一系列活动深化儿童对数学的认知,对多学科与数学连接的认知,对数学与生活相联系的认知;其次,儿童可以从"综合实践活动"中积累更多的数学活动经验,培养和开发儿童探索合作、发散思维、思想交流的能力;最后,丰富儿童对数学相关知识的理解,积累发现问题和研究问题的经验。

第四,基于课程目标的决策理清楚之后,我们还要注意一个极容易被现实教学忽视的问题,也就是在《义务教育数学课程标准(2011年版)》中提到的10个关键词汇:"数感、空间观念、符号意识、数据分析观念、几何直观、推理能力、运算能力、模型思想、应用意识和创新意识。"[1] 在实际教学活动中几乎已成为盲点。

例如小学阶段的数感,可以是对数与数量的感悟、对数量关系的感悟、对运算结果估计的感悟,甚至是更高层次的感悟:对数学知识的抽象概括进行预测或解决实际问题的感悟。然而,现实的数学课程太过于看重基础知识和基本理论,数学与现实相脱离。在课堂中经常发生爸爸的身高是180米、一根香蕉重5千克、教室黑板面积是4平方厘米等此类荒诞事件。基于此,培养儿童数感,能够避免数学教学与实际生活相脱节的问题,只有当儿童充分地体验生活,才有可能真正解决现实问题,进而开拓儿童的创新实践能力。可见,作为基本的数学素养之一,培养儿童数感势在必行。

在这方面,合肥市习友路小学做的尤为突出,该校数学学科课程在不断地教学实践中致力于丰富儿童数学相关知识、思想与方法,拓展儿童逻辑思维能力和提高解决问题的能力,基于此确立了以"拓思数学"为核心的数学学

---

[1] 中华人民共和国教育部. 义务教育数学课程标准(2011年版)[S]. 北京:北京师范大学出版社,2012:5.

科课程理念。基于儿童的逻辑思维能力并不是随知识的增长而自然增长，还必须在平时课程中有意识、分层次地培养、训练，才能促进思维与知识的平衡发展。所以在课程设计上应该"量体裁衣，因材施教"，使不同的儿童得到不同的发展。

"拓思数学"课程依据《义务教育数学课程标准（2011版）》及儿童的身心发展特点设置了四大类课程，即"拓思计算""拓思图形""拓思统计"和"拓思实践"。其中，"拓思计算"旨在建立儿童的数感，发展儿童的运算能力，激发儿童学习数学的兴趣，更有助儿童理解运算的算理，寻求合理简洁的运算途径解决问题。开设的课程有"百数通""除除有余""易加易减""神秘的测量学""奇妙规律"等。为儿童数学核心素养的培育提供丰富的课程滋养。

除此之外，合肥市习友路小学根据学校特色、学校资源以及儿童身心发展规律开发了"拓思社团"包括："数独达人""扑克牌的秘密""理财部落""魔方能手"等。作为培养儿童核心素养的小课堂，"拓思社团"提供了更加广阔的活动场所，更加生动有趣的活动项目，更加机制多变的活动模式，深受儿童的青睐；这是一个有魔力的平台，能够拓宽儿童思维、使其学有所长、快乐成长。通过这一平台帮助儿童开阔眼界、拓展知识、开发思维、提高能力。为儿童开拓了一片提升学科素养的新天地。

（撰稿者： 赵燕）

拓思数学： 拓展思维空间，激发创新潜能

合肥市习友路小学数学教研组现有教师35名，其中研究生学历3人，本科学历31人，高级教师1名，一级教师5人，二级教师8人，三级教师21人。近3年来，合肥市习友路小学的数学教师在参加各级各类比赛中，获省级奖项3人，获市级奖项4人。教师之间努力学习，携手共进；教研组内学术氛围浓厚，教师学术态度端正，探讨问题实事求是，集思广益解决问题。现依据教育部《关于深化课程改革，落实立德树人根本任务的意见》《义务教育数学课程标准（2011年版）》等文件精神，推进学校数学学科课程建设。

第一节

挖掘儿童思维潜能

一、学科性质

《义务教育数学课程标准（2011年版）》指出：义务教育发展阶段的数学教学课程设计具有基础性、普及性和发展性。[①] 义务教育数学课程使儿童掌握基础知识与基本技能，形成学习能力和学习方法，发展乐观向上的情感态度和正确价值观，是帮助儿童提高学习能力的基础，对儿童今后的人生选择产生深远的影响。数学虽然是对现实事物和现象的描述，但是在抽象概括的过程中，思维又会产生新的产物，作用于现实生活中。因此小学数学课程要结合数学本身特点和儿童学习数学的心理特征，鼓励儿童从自身的生活经验学习数学，并将所学知识运用于生活。在一定程度上，儿童可以通过定量感受、定性分析，将需要解决的现实问题转化成数学问题。在交流合作、实验探究的过程中，根据数学问题建立相应的模型，最后仔细观察、深入分析，利用模型解决生活问题。因此，将数学学科课程理念定位为"拓思数学"，结合《义务教育数学课程标准（2011年版）》，基于课本，挖掘素材，联系生活实践，丰富课程内容的实用性，拓展思维空间，激发创新潜能。"拓思数学"——拓展儿童思维力，为孩子们的求知以及探索过程提供内驱力和必要条件，进而激发创新潜能是学校数学学科的核心精神和共同追求。

[①] 中华人民共和国教育部. 义务教育数学课程标准（2011年版）[S]. 北京：北京师范大学出版社，2012：1.

二、学科课程理念

学校数学学科课程致力于在教学实践中不断地丰富儿童数学相关知识、思想与方法，拓展儿童思维和提高解决问题的能力，基于此我们提出以"拓思数学"为核心的数学学科课程理念。"拓思数学"意思就是通过学习内容丰富化、学习方式多样化，为儿童学习注入新活力，促使儿童碰撞思维的火花，提高儿童自主学习的意识，通过学习数学知识，可以提升儿童的观察力、分析力、想象力和创新力，成为有眼界的智慧人员。

（一）"拓思数学"：结合课标，基于课本，挖掘素材

伴随新课程改革的层层深入，数学这棵智慧树根部的知识逐渐被重视。新版数学教材添加了"你知道吗"这类的窗口，但大部分是以儿童自主了解为主，儿童不能体验到数学文化的来源。教材教学是基础教学，"你知道吗"这样的补充其实是教材探讨它们根部的概念，因此将拓展性研究学习引入课堂教学具有深远意义。以学生发展为本，纵向对源头和难点的深入，横向完成学科之间知识的整合，通过充分使用教材和挖掘素材，对儿童学习数学教材进行扩充和延伸，如：数学绘本、数学益智玩具、数学史等。力求将数学独特的思想文化渗入到课堂教学内容中，使儿童获得知识的同时提高数学核心素养。

（二）"拓思数学"：结合实际，源于生活，整合课程

知识来源于生活，贴合儿童生活实际的数学知识更能引起共鸣。任何一个环境都可以作为教师教学数学的活动场所，教师可以有针对性地设计生动形象、活泼有趣的数学社会性活动，如放学路上，设计路线感受1千米有多长；超市里面拎大米感受一千克有多重；听一首歌感受一分钟有多长等。寓教于乐的活动充满生活趣味并富于挑战，让学生爱学、乐学、活学。此外，还要多留意对于数学知识与音体美其他学科知识整合之后在生活中的应用价值。例如：计算装修自己家的房子要用多少钱？调查生活用水情况，提出对日常生活如何节约用水的建议；寻找生活中的对称图形感受对称美等等。诸如此类的课程内容，这样的教学设计体现了数学教学的开放化和个性化，在提高儿童动手实践能力的同时，开拓学生思维。

（三）"拓思数学"：结合需要，勤于思考，激发潜能

"拓思数学"课程遵循教学目标的同时考虑了学生的兴趣和需要，学生

想要知道却求解不出答案时，教师启发之，往往能使学习的效率事半功倍。由教师要求学转变为学生想要学，教师只需点拨即可。学习也是个不断积累的过程，想要一直保持通透豁达，就需要不断吸收新的知识，与时俱进、勤于思考、勇于实践，获得更多的直接经验，丰富已有的间接经验，完善自己的认知体系，不断激发内在的学习潜能。

组织思维风暴活动，让儿童在具体活动中独立思考，勇于发言。具体的活动中，学习和思考的真正发生很多来源于孩子们对新鲜事物的好奇心和兴趣以及对解决实际问题的需要，如何设置课程内容和形式来激发学生对数学学习的浓厚兴趣，还要通过全面充分的研究、领悟不同阶段儿童的心理特点和思维方式的转变来实现。合理设置并提高任务难度，围绕孩子们的"最近发展区"提出一系列具有挑战性和综合性的问题，充分发挥儿童的创造潜能，让儿童认识解决问题的多样化，学会触类旁通、举一反三，这样才能更好地引导儿童站在更高的角度用数学眼光去观察世界。

第二节

激发儿童思维创新

基于数学学科的十大核心素养,根据"拓思数学"提倡的"结合课标,结合实际,结合需要"课程理念,设置数学学科课程目标。

一、学科课程总体目标

根据"新数学课程标准"的总目标,将"拓思数学"课程总体目标分为知识技能、数学思考、问题解决、情感态度四个维度,并在每个维度上根据学生的实际情况加入"拓思数学"特有的拓展目标,让不同的儿童获得不同的发展。

(一) 知识技能目标

在经历数与代数的抽象、运算与"拓思"的构建模型中,去掌握数与代数的基础知识以及基本技能;在经历图形的抽象与分类、性质、运动与位置确定的过程中,去掌握图形与几何的基础知识以及基本技能;在经历实际问题中去收集和处理数据、参考数据去分析问题从而获取信息的过程中,去掌握统计与概率的基础知识以及基本技能;在参与综合实践活动中,学会综合运用数学知识、技能和方法等积累解决简单问题的数学活动经验。

(二) 数学思考目标

培养学生数与数量、数量关系、图形认识,初步培养几何直观和运算能力,从而发展形象思维和抽象思维;体会简单数据统计过程,感受随机现象发生的可能性;参与观察、猜想、证明、综合实践等数学活动,去发展合情推理和演绎推理能力,从而清晰地表达自己的想法;锻炼独立思考的能力,体会"拓思数学"的基本思想和思维方式。

（三）问题解决目标

学会从数学的角度去发现问题和提出问题，运用所学的数学知识去解决问题，从而增强应用意识、提高实践能力；体验分析问题和解决问题的一些基本方法，知道解决问题方法的多样性，从而去发展创新意识；学会与他人合作交流，培养评价与反思的意识。

（四）情感态度目标

"拓思数学"倡导儿童积极参与数学活动，保护儿童的好奇心，激发求知欲；体验学习的乐趣，锻炼解决难题的意志，建立自信心；体会数学的特点，感受数学与生活的联系；养成认真努力、自主思考、合作交流、反思质疑等学习习惯。

"拓思数学"总目标的四个方面是一个相互联系、相互交融的有机整体。在课程设计和教学活动组织中，要同时兼顾四个方面的目标，这些目标的有效实现，是学生受到良好数学教育的标志，它对学生的全面、持续、和谐发展有着重要的意义。学校将秉承"拓思数学"的理念围绕以上四个课程目标，发扬学生的学科核心素养，培养具有应用意识和创新能力的学生。

二、学科课程年段目标

依据课程标准，参考教材和教学用书，拟定了"拓思数学"课程年级目标（表2-1）。

表2-1 "拓思数学"课程年级目标表

目标 年级	上学期目标	下学期目标
一年级	第一单元：数一数 1. 通过看和数，了解画面中的数学信息，感受看和数是学习数学的重要方式。 2. 按顺序观察公园里的事物，数出每种事物的数量，培养学生有序、有条理观察的学习习惯。 3. 能联系生活实际数出1—10之间的事物数量，结合身边的物品用1—	第一单元：20以内的退位减法 1. 使学生在掌握20以内进位加法的基础上，在现实的情境中，感受不同的算法并理解20以内退位减法的计算方法，会正确地进行口算，并逐渐达到熟练的程度。 2. 在20以内的退位减法表中，找到其中隐藏的数学规律，培养数学思考能力和思维的灵活性。

目标\年级	上学期目标	下学期目标
	10 说一句话。 第二单元： 比一比 1. 经历比长短、比高矮、比轻重、比大小等活动，初步了解直接比较的思维方法，培养学生观察、推理和判断的能力。 2. 比较自己生活中物体的长短、高矮、轻重和大小，并说一说比较的方法。 第三单元： 分一分 1. 经历按指定标准或自定标准分类的过程，初步体会同一标准分类结果的一致和不同标准分类方法的多样性，积累一些活动经验。 2. 在现实情境中了解分类的标准，并能运用标准对一些生活中熟悉的事物进行分类，初步感受分类的意义。 第四单元： 认识位置 1. 通过学生熟悉的举手回答问题和书本摆放的生活情境，体会上下、前后、左右等位置。 2. 能够运用上下、前后、左右来描述教室里生、师生之间的位置以及相对关系。 第五单元： 认识10以内的数 1. 会认、读、写 0—10 各数，能初步理解 0—10 各数的含义，并注意书写工整。 2. 会用 10 以内的数表示物体的个数和事物的顺序；能在具体情境中正确地区分几和第几。 3. 认识符号"="">""<"，会使用这些符号表示数的大小，并描述 10 以内数的大小。 4. 能运用 10 以内各数表示日常生活中的一些事物，并进行交流。 第六单元： 认识图形（一）	第二单元： 认识图形（二） 1. 经历观察、操作、交流等活动，直观认识长方形、正方形、三角形和圆等常见的平面图形，并实现图形与名称的一一对应，初步了解他们在日常生活中的应用。 2. 从立体图形中感知平面图形的特点，鼓励学生多动手实践，从活动中加深对平面图形的认识。 第三单元： 认识100以内的数 1. 认识 100 以内的数，知道 100 以内数是由几个十和几个一的组成，能够按顺序正确读和写，会比较大小。 2. 认识个位、十位、百位及每个数位的数代表的含义；使学生了解加法和减法算式中各部分的名称；理解百数表的排列规律并能利用规律加深对 100 以内数的认识。 3. 结合数的认识，能够正确、熟练地口算整十数加一位数以及相应的减法。 第四单元： 100以内的加法和减法（一） 1. 使学生经历探索 100 以内不进位加和不退位减的计算方法的过程，能比较熟练地口算整十数加、减整十数，两位数加、减整十数以及两位数加、减一位数的不进位加法和不退位减法。 2. 会笔算两位数加、减两位数的不进位加法和不退位减法。 3. 会利用所学知识解决实际问题，知道用什么方法解决不同问题（如多多少、少多少、原来有多少、还剩多少等等），积累解决问题的经验，体验数学与生活的联系。 第五单元： 元、角、分 1. 使学生在观察、操作、合作、交流活动中，利用已有的生活经验使学生认识各

续 表

目标\年级	上学期目标	下学期目标
	1. 通过搭、分、看、摸，从实物抽象出图形，对长方体、正方体、圆柱和球有一定的感性认识，能识别这些物体。 2. 在动手操作中，加深对这些图形特征的认识。 3. 体会平面和曲面的区别，培养与他人合作的意识。能在身边找这些立体图形，并向大家介绍它的特点。 第七单元：分与合 1. 通过分物体的具体活动，理解并掌握10以内数的分与合，能根据要求把一个数分成两个数，或把两个数合成一个数，进一步加深对10以内数的认识。 2. 能结合身边的书本、铅笔或学生数量等来进行分与合。 第八单元：10以内的加法和减法 1. 结合具体情境初步体会加法和减法的含义。 2. 能熟练计算10以内的加法和减法。 3. 能正确计算10以内连加、连减和加减混合式题。 4. 通过情境图的学习，初步学会选择合适的算式表示简单情境中的数量关系，并能够说明自己思考的过程。 第九单元：认识11—20各数 1. 在数数、读数等活动中认识计数单位"一（个）""十"，初步理解"10个一是1个十"，知道11—20各数的大小、顺序，并初步感知11—20各数的组成。 2. 通过学习，能够运用已有知识计算10加几的加法和相应的减法。 经历数数和用数描述简单生活现象的过程，体会数在日常生活中的广	种面值的人民币，知道元、角、分是人民币的单位，知道1元=10角，1角=10分。 2. 在认币、取币、换币、找币活动中，感知商品的价格，体会人民币与生活的联系，了解简单商品买卖的数量关系；在购物活动中提升学习数学的兴趣，初步培养学生的理财观念。 第六单元：100以内的加法和减法（二） 1. 使学生在比较熟练地口算100以内不进位加和不退位减的基础上，进一步掌握100以内的两位数加一位数的进位加法和两位数减一位数的口算方法，能比较熟练地进行口算。 2. 使学生在正确笔算100以内不进位加和不退位减的基础上，进一步探索竖式计算中进位加和退位减的方法，理解并掌握"满10进1"和"退1作10"的思考过程，体验算法的多样性。在熟练掌握竖式计算的同时，养成规范作业、细心计算、认真检查并及时订正等好习惯。

续 表

目标 年级	上学期目标	下学期目标
	泛应用，培养初步的估计意识，发展数感。 第十单元： 20以内的进位加法 1. 学生在现实的情境中，自主探索9加几的计算方法，并在不同算法的交流中，初步理解"凑十法"的计算思路，能正确进行口算。 2. 在观察、操作中逐步培养探究、思考的意识和习惯。通过算法多样化，培养学生的创新意识。 3. 学生在解决简单实际问题的过程中，进一步感知简单实际问题的数量关系，并学会灵活运用凑十法解决实际问题。	
二年级	第一单元： 100以内的加法和减法 1. 能用列竖式的方法正确计算100以内的加减混合运算，而且能根据具体情况灵活选择笔算或口算。 2. 要使学生经历从现实情境中提出问题再分析和解决问题的过程，要培养初步的观察能力、表达能力。 3. 感受解决问题方法的多样性。 第二单元： 平行四边形的初步认识 1. 认识多边形，了解这些图形的名称，正确识别这些图形，能认识生活中的平行四边形。 2. 让学生在折一折、剪一剪、拼一拼、说一说等的活动中感受图形的基本特征。 第三单元： 表内乘法（一） 1. 让学生在具体的问题情境中，初步认识乘法的含义，知道乘法算式的各部分名称，能够正确读、写乘法算式。能正确背诵并运用1—6的乘法口诀，初步学习乘法与加法、减法的混合运算。 2. 让学生在经历连加的过程中理解乘	第一单元： 有余数的除法 1. 使学生在平均分若干物体的活动中去初步认识余数，理解有余数除法的含义，发现并分析有余数除法的求商方法。 2. 认识除法竖式，要求会用竖式去计算表内除法，会应用有余数除法去解决简单的实际问题。 3. 经历在平均分后有剩余的实际问题的过程中，学会抽象成有余数除法，知道被除数、除数、商和余数的含义及其联系。 第二单元： 时、分、秒 1. 使学生通过观察钟面的活动，去认识和了解时间单位时、分、秒，建立1时和1分的时间观念，并且能够正确地认识、读、写钟面上表示的时间。 2. 通过描述一天的作息时间，体会数学与生活，时间与生活的联系。 第三单元： 认识方向 1. 认识常用的八个方向，能根据给定的方向辨认其余的方向。让学生学会用上述方位词去描述物体所在的方向和物体之间的位置关系。

续　表

目标\年级	上学期目标	下学期目标
	法算式的本质。 第四单元：表内除法（一） 1. 使学生通过观察、比较、分析、抽象、概括等操作，体会平均分的方法。 2. 初步认识除法的含义，能正确读、写除法算式，知道除法算式各部分的名称，学会用乘法口诀求商。 3. 学会将生活中的实际问题抽象成用除法计算的数学问题，列出算式后，会熟练地运用乘法口算求商，初步培养学生的思维能力。 第五单元：厘米和米 1. 通过看一看、拉一拉、画一画认识线段的基本特征。 2. 会辨认线段，能借助直尺规范地画线段。 3. 初步建立1厘米和1米的长度观念，能用身体尺比划这两个长度，并能用这两个计量单位度量物体的长度。 第六单元：表内乘法和表内除法（二） 1. 使学生经历7—9的乘法口诀的编写过程，熟记7—9的乘法口诀，能正确、熟练地计算表内乘、除法。 2. 知道连乘、连除、乘除混合运算的运算顺序，能正确地进行计算。 3. 能运用学过的乘、除法解决一些简单的实际问题，进一步体会乘、除运算的含义。 4. 使学生在编写和整理乘法口诀的过程中，积累数学活动经验，体验成功的快乐。 第七单元：观察物体 1. 使学生通过观察、比较，体会从不同的位置观察物体看到的形状可能是不一样的。	2. 使学生经历辨认方向的过程，在活动中感受东、南、西、北是按照顺时针的顺序旋转的，培养学生辨认方向的能力。 第四单元：认识万以内的数 1. 让学生学会发现生活中的大数，理解大数的意义和数位名称及顺序，认识万以内的计数单位及相邻单位之间的进率。能够认、读、写万以内的数，会比较数的大小。 2. 使学生能说出各数位的名称，掌握各数位上的数所表示的意义，能口算、估算万以内数的加、减法。 3. 使学生在认识数、比较数、估计数的过程中，去体会计数单位的十进制关系。 第五单元：分米和毫米 1. 学生在看一看、量一量、估一估等活动中，进一步认识长度单位分米和毫米。 2. 掌握1分米和1毫米的长度，知道相邻长度单位之间的进率，会进行简单的单位换算。 3. 能够用身体尺比划学过的长度单位，在测量或估计一些物体的长度时能选择合适的长度单位。 第六单元：两、三位数的加法和减法 1. 能够结合具体的情境自主探索并理解和在100以内的两位数加两位数、和大于100的整十数加整十数、和大于1 000的整百数加整百数以及相应的减法口算方法。 2. 能正确、熟练地进行口算，正确地估算接近整百、整千数的加、减法计算。 3. 学生在经历探索及归纳加减计算方法的过程中，提升数感，能够独立解决两步计算的实际问题，体会解题方法的多样性。 第七单元：角的初步认识 1. 引导学生联系生活中常见物品认识角，了解角的各部分名称，知道角是有大小的并能通过观察进行比较。

续　表

目标 年级	上学期目标	下学期目标
	2. 能辨认从不同方向观察到的物体形状，能根据看到的形状判断观察者的位置。 3. 在观察物体的过程中，丰富学生对空间及图形的认识。	2. 在拼角的过程中，感受不同角之间的联系，增强学生的动手操作能力，进一步发展空间观念。 第八单元：数据的收集和整理（一） 1. 让学生体验收集、整理、分析数据的过程，能够按照不同的分类标准对简单数据进行分类，初步体会收集、整理数据的几个常用方法，学会并运用画"正"字的方法收集和整理数据，能够用自己的方法描述数据并能简单分析统计结果。 2. 学会提出并解决一些简单的实际问题。让学生参与统计的活动，积累收集、整理、分析数据的经验，能够感受数据中蕴含的信息。
三年级	第一单元：两、三位数乘一位数 1. 经历探索两、三位数乘一位数计算方法的过程，会口算整十、整百数乘一位数以及积在100以内的两位数乘一位数。 2. 能正确笔算两、三位数乘一位数。 3. 能通过把两、三位数看作相应的整十、整百数估算两、三位数乘一位数的积。 4. 把生活实例与计算相结合，让学生感受数学与生活的密切联系，增强学生的数感。 第二单元：千克和克 1. 结合实际问题，使学生认识常用的秤，初步掌握用秤称物体质量的方法，并能够根据实际情况选择合适的质量单位。 2. 知道千克和克之间的进率，并会进行简单的换算。 3. 能结合生活实际合理估计一些物体的质量，初步形成估计的能力，发展估计的意识；在建立质量观念的基础上，培养学生估量物品质量的意识。	第一单元：两位数乘两位数 1. 经历探索两位数乘两位数方法的过程，会口算两位数乘整十数和整十数乘整十数，会简单的估算，并会笔算两位数乘两位数。 2. 在具体情境中应用有关运算解决实际问题，能合理地运用口算、笔算或估算，结合生活实例，让同学们感受到估算的方便快捷，让学生明白数学不仅仅是停留在书本上的知识，更是生活好帮手。 第二单元：千米和吨 1. 在具体的生活情境中，感知和了解千米的含义；在丰富的操作活动中建立1千米的长度观念，知道1千米=1000米。 2. 能进行千米和米之间的换算，能解决一些有关千米的实际问题，体验千米的应用价值。 3. 借助生活中的具体物体，感知和了解吨的含义，通过想象和推理初步建立某些物体1吨重的观念，培养用吨这个单位估计物体质量的能力。 4. 知道1吨=1000千克，并能进行吨与千克的简单换算以及解决一些相关的实际问题。

续 表

目标＼年级	上学期目标	下学期目标
	第三单元： 长方形和正方形 1. 结合实际生活，通过观察、操作、思考和交流等活动，认识长方形和正方形边和角的基本特征，培养合作意识和探索精神。 2. 认识长方形的长、宽和正方形的边长，在探索长方形和正方形的联系和区别的过程中，培养对比、归纳等能力，渗透归纳思想。 第四单元： 两、三位数除以一位数 1. 经历探索两、三位数除以一位数计算方法的过程，理解并掌握口算、估算和笔算的方法。 2. 能正确口算和笔算两、三位数除以一位数并会进行验算；会解决一些简单的两步计算的实际问题。结合生活经验，体会估算的重要意义，养成先估算后计算的习惯。 第五单元： 解决问题的策略 1. 联系已有的解决实际问题的经验，学会从条件出发思考的策略分析数量关系，探寻解题思路，并解决一些实际问题。 2. 通过解决问题的策略学习，体会从条件出发思考是解决实际问题常用的策略之一，进一步发展简单推理的能力。 3. 结合生活实际中的问题，感受数学与生活的联系，体会数学的乐趣。 第六单元： 平移、旋转和轴对称 1. 学生通过观察实例和动手操作，初步认识物体或图形的平移和旋转，体会生活中的对称现象，知道轴对称图形的一些基本特征，能在一组实物图案或简单平面图形中识别出轴对称图形。 2. 学生在识别平移或旋转前后的图形、用合适的方法"做"出轴对称	第三单元： 解决问题的策略 1. 使学生联系已有的解决问题的经验，学用从问题出发思考的策略分析数量关系，探寻解题思路，并解决一些实际问题。 2. 使学生在对解决实际问题过程的反思中，感受从问题出发思考对于解决实际问题的价值，体会从问题出发思考是解决实际问题常用的策略之一，进一步发展简单的推理能力；使学生进一步积累解决问题的经验，逐步增强解决问题的策略意识，获得解决问题的成功体验，提高学好数学的信心。 第四单元： 混合运算 1. 使学生结合解决实际问题的过程初步认识综合算式和小括号，学会混合运算两步算式的书写格式，掌握混合运算的运算顺序，能按顺序正确计算混合运算的两步算式。 2. 使学生经历由分步列式到用综合算式解决实际问题的过程，体会列综合算式解决两步计算的实际问题，感受解决问题方法的多样化。 3. 通过对比分步列式与综合算式，明确先算什么再算什么，在列式前通过思维的整合，准确地列出综合算式。 第五单元： 年、月、日 1. 通过观察年历，使学生认识时间单位年、月、日，知道大月、小月，会判断平年、闰年。 2. 通过拓展学习，了解有关季度和季节等方面的知识。 3. 在具体的生活情景中，了解24时记时法和普通记时法，会用两种记时法正确表示时间，掌握两种记时法的相互转化；感受数学与生活的密切联系，进一步建立时间观念，体会合理安排作息时间的重要性，养成珍惜时间的好习惯。

目标\年级	上学期目标	下学期目标
	图形等活动中，进一步增强空间观念，发展初步的形象思维。 3. 通过平移、旋转和轴对称的学习，感受空间的概念，训练空间思维能力，为以后的平面几何和立体几何打下基础。 第七单元： 分数的初步认识（一） 1. 使学生结合具体情境初步认识分数，知道把一个物体或一个图形平均分成若干份，其中的一份或几份可以用分数表示。 2. 知道分数各部分名称，能正确读、写分数，能用实际操作的结果表示相应的分数。 3. 使学生学会运用直观的方法比较同分母的两个分数的大小，并能与他人交流自己的想法。 4. 会计算简单的同分母分数加、减法；在操作中去感知分数的表示方法并能结合想象进一步去感知分数的意义。 5. 体会分数来自生活实际的需要，了解分数产生和发展的大致历程，感受数学与生活的联系，进一步产生对数学的好奇心和兴趣。	第六单元： 长方形和正方形的面积 1. 在现实情境中，通过观察、操作、比较等活动，初步理解面积的含义。 2. 知道面积单位的含义并掌握相邻两个单位之间的进率，会进行简单的单位换算。 3. 在探索长方形、正方形面积的计算公式的过程中，积累学习几何与图形的经验，培养观察、比较和抽象等思维能力，发展空间观念。 4. 在比较图形面积大小的过程中养成独立思考、勇于探索的习惯。 第七单元： 分数的初步认识（二） 1. 学生结合具体的情境进一步认识分数，知道把一些物体看做一个整体平均分成若干份，其中的一份或几份也可以用分数表示。 2. 能用分数描述一些简单的生活现象，通过实际操作表示相应的分数。 3. 能运用生活经验和分数的知识，学会解决简单的分数实际问题，体会数学问题的探究性和挑战性。 第八单元： 小数的初步认识 1. 学生结合具体情境初步体会小数的含义，能认、读、写小数部分是一位的小数，知道小数各部分的名称。 2. 通过生活中的实例，可以比较小数的大小，以及掌握简单的小数加减法的运算。 3. 结合具体情景使学生明确小数与分数的区别与联系，更好的使用小数和分数。 第九单元： 数据的收集和整理（二） 1. 使学生经历简单的数据收集、整理、描述和分析的过程，学会用统计表表示数据整理的结果，体验统计结果在不同分类标准和不同调查对象下的多样性，让学生知道要统计的数据比较多时，可以先分组统计再汇总。

续 表

目标\年级	上学期目标	下学期目标
		2. 能从统计的角度找出与数据信息有关的问题，发展数学思考。 3. 组织学生参与合作交流的学习活动，培养数学学习的积极情感和良好的合作学习的习惯，获得成功的体验，体会运用已学的统计知识解决问题的乐趣，树立学习数学的信心。
四年级	第一单元：升和毫升 1. 使学生在具体的观察、操作活动中，认识容量以及容量单位升和毫升，初步形成1升和1毫升的容量观念；知道升和毫升之间的进率，能进行简单的单位换算。 2. 使学生初步了解测量容量的方法，能根据需要选择合适的容量单位进行测量和估计，培养动手操作的能力和初步的估算意识。 3. 使学生联系实际感受升和毫升在日常生活中的广泛应用，能积极参与操作、实验等学习活动，能主动与他人交流并获得积极的情感体验。 第二单元：两、三位数除以两位数 1. 使学生联系具体的实例，理解并掌握除数是整十数，商是一位数（表内除法的扩展）的口算方法，并能正确地进行口算。 2. 理解两、三位数除以两位数笔算的算理，掌握相应的计算法则，能正确地进行笔算和估算。 3. 理解并掌握商不变的规律，能用简便方法计算被除数和除数末尾都有0的除法。 4. 理解连除实际问题的数量关系，能正确地进行解答。 5. 使学生经历探索两、三位数除以两位数的计算方法、商不变的规律，以及用连除计算解决实际问题的过	第一单元：平移、旋转和轴对称 1. 使学生认识图形的平移和旋转，能在方格纸上按水平或垂直方向将简单图形平移，会在方格纸上将简单图形旋转90°；进一步认识轴对称图形及其对称轴，能画出轴对称图形的对称轴，能在方格纸上补全简单的轴对称图形。 2. 使学生经历从平移、旋转和轴对称的角度欣赏和设计图案的过程，积累一些图形变换的经验，初步感受图形运动的结构美，体验平移、旋转和轴对称的应用价值，发展初步的推理能力和空间观念。 3. 使学生在认识平移、旋转和轴对称的过程中感受与他人合作的乐趣，获得学习成功的体验，增加对图形变换的兴趣。 第二单元：认识多位数 1. 使学生结合现实的问题情境，了解十进制计数法，认识万级和亿级的计数单位。 2. 掌握千亿以内的数位顺序表，理解并掌握含有万级和亿级的数的组成，能正确地读、写多位数。 3. 会用算盘表示多位数，会比较多位数的大小。 4. 会把整万或整亿的数改写成用"万"或"亿"作单位的数；理解近似数的含义，会用"四舍五入"法求一个数的近似数。 5. 使学生经历从现实情境中抽象出数的过

续表

年级\目标	上学期目标	下学期目标
	程，培养运算能力和推理能力，增强应用意识，提高发现和提出问题、分析和解决问题的能力。 6. 使学生在自主探索、合作交流的学习活动中，体验数学学习的探索性，获得成功的体验，逐步形成学习数学的积极情感，树立学好数学的自信心，提高主动学习和独立思考的积极性。 **第三单元：观察物体** 1. 使学生通过观察、操作、比较，认识物体的前面、右面和上面；会从前面、右面、上面观察由几个同样大的正方体摆成的组合体，能根据观察到的形状正确选择相应的视图。 2. 使学生经历观察物体的全过程，能联系实物或看到的形状进行直观思考，丰富对现实空间的认识，体会数学思考的价值，发展初步的形象思维能力与空间观念，提高推理能力和解决实际问题的能力。 3. 使学生在参与观察物体活动的过程中，感受几何空间和日常生活的联系，能克服学习活动中遇到的困难，获得成功的体验，培养观察物体的兴趣，逐步形成对数学学习活动的积极情感和态度。 **第四单元：统计表和条形统计图（一）** 1. 使学生经历收集、整理、描述和分析数据的过程，认识简单的统计表和条形统计图，了解它们的结构和特点；会分段整理数据，能用统计表和条形统计图描述数据；能结合统计表、条形统计图对简单数据进行分析和解释。 2. 使学生经历从现实情境出发，探索	程，感受大数目的实际大小，能用大数目描述生活中一些事物的具体数量，获得良好的数感；能有根有据、有条有理地思考和表达，发展思维能力和解决问题的能力。 6. 使学生在认识多位数的过程中，感受大数目在日常生活中的广泛应用，培养独立思考和合作交流的习惯，增强克服困难的勇气，树立学好数学的信心。 **第三单元：三位数乘两位数** 1. 使学生经历探索三位数乘两位数笔算方法的过程，掌握三位数乘两位数的笔算方法，能正确地进行笔算。 2. 理解和掌握积的变化规律，并能应用积的变化规律口算几百乘几十，能用简便方法笔算乘数末尾有0的乘法。 3. 使学生经历从现实问题中抽象出数量关系的过程，掌握"总价＝单价×数量""路程＝速度×时间"等常见的数量关系，能应用这些数量关系解决一些实际问题。 4. 使学生在思考、交流计算方法和探索数学规律的过程中，进一步发展初步的演绎推理和合情推理能力，进一步积累解决问题的经验，培养发现和提出问题的能力、分析和解决问题的能力，增强应用意识。 5. 使学生经历独立思考与合作交流的过程，逐步养成独立思考的习惯，并乐于与他人分享自己的学习成果。获得一些学习成功的体验，增强对数学学习的积极情感。 **第四单元：用计算器计算** 1. 使学生初步认识计算器，了解计算器的基本功能，会使用计算器进行大数目的计算，能借助计算器探索并发现一些简单的数学规律。 2. 使学生经历运用计算器探索规律，应用

续 表

目标\年级	上学期目标	下学期目标
	并发现数学知识的过程，初步理解平均数的意义，会求简单数据的平均数（结果是整数）能应用平均数解释一些简单的生活现象，解决一些简单的实际问题。 3. 使学生在参与统计活动的过程中，初步感受运用统计方法解决问题的过程，体会统计在日常生活中的广泛应用，学会有条理地思考和表达，提高分析问题和解决问题的能力，发展数据分析观念。 3. 使学生在运用统计知识和方法解决问题的过程中，感受统计活动的实际价值，体验用统计知识解决实际问题的乐趣，获得学习成功的体验，树立学好数学的自信心。 第五单元：解决问题的策略（一） 1. 使学生理解有关实际问题的数量关系，初步了解列表整理条件和问题的策略，体验从条件和问题出发分析数量关系探寻解题思路的策略，能根据需要合理确定解题思路，归纳和总结解决问题的一般步骤，能正确解决相关的实际问题。 2. 使学生经历列表整理条件和问题，从条件和问题出发分析数量关系探寻解题思路，按解决问题的一般步骤实施解题活动的过程，进一步丰富解决问题的经验，逐步学会有条理的思考，有理有据的表达，培养初步的数学思维能力，以及分析问题和解决问题的能力，增强应用意识。 3. 使学生在参与数学活动的过程中，进一步感受数学知识和方法的应用价值，养成自觉检验、自我反思的习惯和意识，获得解决问题的成功体验，逐步养成独立思考、乐于和	所学知识解决问题的过程，感受基本的数学思想方法，培养初步的探索意识和实践能力。 3. 使学生在使用计算器解决问题的过程中，体验用计算器计算的优点，感受计算器的学习价值，培养对数学学习的兴趣。 一亿有多大： 1. 使学生在观察、操作、测量等具体的活动中，进一步感受大数目的实际大小，积累数学活动经验，培养发现和提出问题、分析和解决问题的能力，增强数感。 2. 使学生在探索一亿有多大的过程中，感受与同学合作的乐趣，获得一些学习成功的体验，激发对数学学习的兴趣，树立学好数学的信心。 第五单元：解决问题的策略 1. 使学生在解决实际问题的过程中，学会画图描述问题，能借助直观图示分析数量关系，正确解答有关的实际问题。 2. 使学生经历解决问题的过程，进一步积累解决问题的经验，感受画图描述和分析问题的价值，培养几何直观，提高分析和解决问题的能力。 3. 使学生进一步积累解决问题的经验，增强解决问题的策略意识，获得解决问题的成功体验，树立学好数学的信心。 第六单元：运算律 1. 使学生经历探索加法和乘法运算律的过程，理解并掌握加法和乘法的交换律、结合律，以及乘法分配律，能应用这些运算律进行一些简便运算，解决一些实际问题。 2. 使学生在探索、发现加法和乘法运算律的过程中，培养比较和分析、抽象和概括、归纳和类比等能力，感受数的运算与日常生活的联系，提高解决问题的能

续 表

目标 年级	上学期目标	下学期目标
	他人合作等良好习惯，提高学好数学的自信心。 第六单元：可能性 1. 使学生通过摸球、摸牌、抛正方体等游戏活动，初步了解事件发生的确定性和不确定性，感受简单随机现象；能列举简单随机现象中所有可能发生的结果。 2. 使学生在具体的情境中，通过实例感受随机现象发生结果的可能性是有大有小的，能对一些简单的随机现象发生的可能性大小作出定性描述，并能进行交流。 3. 使学生在参与游戏、操作等活动过程中，体会可能性的学习与应用价值，初步形成随机意识和数据分析观念；感受游戏、操作等活动的乐趣，获得学习成功的体验，增强对数学学习的兴趣。 第七单元：整数四则混合运算 1. 使学生认识中括号、小括号，理解并掌握三步混合运算的运算顺序，能正确进行三步混合运算式题的计算；进一步体会分析稍复杂的实际问题数量关系的过程，能列综合算式解决有关的三步计算的实际问题。 2. 使学生在认识和理解混合运算顺序，解决三步计算的实际问题的过程中，进一步积累解决问题的经验，发展数学思考，增强应用意识。 3. 使学生在运用所学知识解决实际问题过程中，体会数学与生活的联系，感受数学的应用价值，培养认真、严谨的学习习惯，激发对数学学习的兴趣。 第八单元：垂线与平行线	力，发展应用意识和符号意识。 3. 使学生在参与数学活动的过程中，初步形成独立思考的意识和习惯，获得学习成功的体验，感受数学规律的确定性和普遍适用性，体会数学学习的价值，增强对数学学习的兴趣和信心。 第七单元：三角形、平行四边形和梯形 1. 使学生联系生活实例，认识并掌握三角形、平行四边形、梯形的基本特征，认识三角形、平行四边形、梯形的底和高，能正确地测量或画出三角形的高（高在三角形内），以及平行四边形、梯形的高。 2. 使学生在动手操作的过程中，了解三角形的三边关系，知道三角形的内角和是180度。 3. 认识直角三角形、锐角三角形和钝角三角形，认识等腰三角形和等边三角形，能按边区分不同三角形特征，认识等腰梯形；能运用所学知识解释一些生活现象，解决一些简单的实际问题。 4. 使学生经历探索三角形、平行四边形和梯形基本特征的过程，培养初步的观察、操作、分析、概括、推理等能力，积累认识图形的经验，发展空间观念。 5. 使学生在积极参与数学活动的过程中，初步感受数学问题的探索性和数学结论的确定性，体验与同学合作交流的乐趣，增强学习数学的兴趣，树立学好数学的自信心。 多边形的内角和： 1. 使学生通过观察、操作等具体的活动，探索并发现多边形的内角和与它的边数之间的关系，并用自己能理解的方式表示所发现的规律。 2. 使学生经历探索多边形内角和的过程，积累一些探索和发现数学规律的经验，发展空间观念，培养动手操作能力和合情推理能力。

续　表

年级＼目标	上学期目标	下学期目标
	1. 使学生认识射线、直线，了解线段、射线、直线之间的联系和区别。 2. 认识两点间的距离，知道两点间所有连线中线段最短。 3. 进一步认识角的特征，会用量角器量角，会画指定度数的角，了解角的分类，掌握锐角、直角和钝角的特征。知道平角和周角，了解各类角之间的大小关系。 4. 认识垂线和平行线，会用直尺、三角尺等工具画垂线和平行线；知道点到直线的距离，会确定和测量点到直线的距离。 5. 使学生经历由具体实例抽象出有关的平面图形，探索射线、直线、角的特征，探索平面内两条直线之间位置关系的过程，进一步积累图形与几何的学习经验，感悟一些基本的数学思想方法，培养借助直观进行简单推理的能力，发展空间观念和几何直观。 6. 使学生积极参与学习活动，培养学生认真观察、积极思考、规范操作的良好习惯；感受图形与现实世界的密切联系，产生对数学的亲切感，激发对数学学习的兴趣，树立学好数学的信心。	3. 使学生在参与探索活动的过程中，进一步产生对数学的好奇心，感受数学活动的挑战性和趣味性，增强学好数学的信心。 第八单元：确定位置 1. 使学生联系具体的情境认识列和行的含义，知道确定第几列、第几行的规则，初步理解数对的含义，会用数对表示平面上点的位置。 2. 使学生经历用数对描述实际情境中物体的位置到用数对描述方格图上点的位置的过程，逐步掌握用数对确定位置的方法，丰富对现实空间和平面图形的认识，发展空间观念，初步感悟数形结合的数学思想方法。 3. 使学生积极参与学习活动，获得成功的体验，感受数与现实生活的联系，拓宽知识视野，激发学习兴趣。 数字与信息： 1. 使学生结合具体的生活实例初步认识数字编码，知道数字编码中蕴含着丰富的信息，了解数字编码的特点。 2. 使学生通过观察、比较和交流，了解一些常见的数字编码所表示的信息，体会用数字编码表达信息的方法，感受数字编码的应用价值。 3. 使学生初步感受数字编码在日常生活中的广泛应用，体会用数字编码表达信息的优越性，初步了解数字编码与数的联系与区别。
五年级	第一单元：负数的初步认识 1. 初步认识负数的含义，知道正负数的读、写方法，知道 0 既不是正数也不是负数，正数都大于 0，负数都小于 0，会用正数和负数描述日常生活中常见的具有相反意义的量。 2. 体会数学与日常生活的联系，进一步培养对数学的兴趣，提高学好数学的信心。	第一单元：简易方程 1. 使学生结合具体情境理解方程的含义，初步体会等式和方程的关系；能正确区分等式和方程；理解等式的性质，会用等式的性质解一些简易方程。 2. 经历将现实问题抽象成等式与方程的过程和积累现实问题数学化的体验。

续 表

目标\年级	上学期目标	下学期目标
	第二单元：多边形的面积 1. 掌握平行四边形、三角形、三角形和梯形的面积公式，能正确计算它们的面积。 2. 会通过割、补、拼以及数方格等操作活动，计算简单组合图形的面积，估计不规则图形的面积。 3. 能解决一些与图形面积计算相关的实际问题，认识常用面积单位公顷和平方千米。 4. 感受复习的必要与重要，逐步形成自己整理所学知识的意识和良好的学习习惯。 第三单元：小数的意义和性质 1. 理解小数的意义，会读写小数，知道小数的数位名称及顺序，知道小数的计数单位及相邻单位间的进率，理解小数的性质，会进行小数的化简，能正确比较小数的大小。 2. 会把较大的数改写成用"万"或"亿"作单位的小数，会根据要求用"四舍五入"法求小数近似数，培养学生对所学知识的归纳概括、分析综合以及灵活运用的能力。 第四单元：小数的加法和减法 1. 掌握小数加、减法的计算方法，能正确进行小数加、减法的笔算和简单的口算，会用计算器进行一些稍复杂的小数加、减法的计算。 2. 让学生在计算时养成自觉优化算法的习惯。 第五单元：小数的乘法和除法 1. 初步体会小数乘、除法的意义，探索并理解小数乘、除法的计算方法，能正确计算小数乘、除法，以及简单的小数四则混合运算，能应用相关计算解决一些实际问题。 2. 培养孩子在遇到新的技术问题时，	第二单元：折线统计图 1. 使学生经历用折线统计图表示数据的过程，了解折线统计图表示数据的基本方法和特点，能读懂常见的折线统计图，能根据要求完成相应的折线统计图。 2. 了解对同样的数据可以有不同的分析方法，需要根据问题的背景选择合适的方法，进一步积累统计活动经验。 3. 积累参与统计活动，在活动中主动与他人合作，感受统计与生活的联系，体会统计在实际生活中的广泛应用。 第三单元：倍数与因数 1. 使学生经历探索非0自然数的有关特征的活动，知道因数和倍数的含义。 2. 能找出100以内某个自然数的所有因数，能在1—100的自然数中找出10以内某个数的所有倍数，知道2、5和3的倍数的特征，能判断一个数是不是2、5或3的倍数。 3. 了解奇数和偶数、质数和合数的含义，会分解质因数。 4. 学会从不同角度验证猜想或对结论的合理性做出必要的说明。 第四单元：分数的意义和性质 1. 使学生初步理解单位"1"和分数单位的含义，进一步理解分数的意义。 2. 探索并理解分数与除法的关系，会求一个数是另一个数的几分之几。 3. 认识真分数、假分数和带分数，会把假分数化成整数或带分数，会进行分数与小数的互化。 4. 使学生在探索新知的过程中，进一步了解分数在日常生活中的应用。 第五单元：分数的加法和减法 1. 使学生理解并掌握异分母分数加、减法的计算方法，能正确计算简单的异分母分数加、减法。

续　表

目标 年级	上学期目标	下学期目标
	能够自觉地联想相似知识之间的联系，进行迁移性学习。 第六单元：统计表和条形统计图（二） 1. 使学生在具体的统计活动中认识复式统计表，能根据收集的数据正确填写复式统计表，能对统计表中的数据进行简单的分析。 2. 能够联系生活实际，体会统计在国计民生问题的重要性。 第七单元：解决问题的策略 1. 使学生经历用列举的策略解决简单实际问题的过程，能有条理地分析相关实际问题中的数量关系。 2. 使学生感受策略的特点和价值，进一步发展思维的条理性和严密性，提高学生学好数学的信心。 第八单元：用字母表示数 1. 使学生初步理解并学会用字母表示数，会用含有字母的式子表示数量、数量关系和计算公式，初步学会根据字母所取的值，求简单的含有字母式子的值，会化简含字母的式子。 2. 培养符号意识；增强学生对数学的好奇心和求知欲。	2. 掌握分数加减混合运算顺序，能正确进行分数加减混合运算。 3. 知道整数加法的运算定律和减法的运算性质，同样适用于分数加、减法，并能应用运算定律和运算性质进行相应的简便运算，进一步增强探索的意识和学好数学的信心。 第六单元：圆 1. 使学生在观察、画图、测量和实验等活动中感知并发现圆的有关特征，知道什么是圆的圆心、半径和直径，能用圆规画指定大小的圆。 2. 初步认识扇形，知道什么是弧和圆心角，知道同一个圆里扇形的大小与圆心角有关。 3. 会应用圆和扇形的知识解释一些日常生活现象或解决一些简单的实际问题，这不但能拓宽学生的知识面，而且能给学生探索学习的方法注入一些新的内容，并使他们的空间观念得到进一步的发展。 第七单元：解决问题的策略 1. 使学生经历用转化策略解决问题的过程，体会用转化策略解决问题的基本思考方法和特点，能根据具体问题确定合理的解题思路，从而有效地解决问题。 2. 能够根据题目特点，自觉选择合适的策略。
六年级	第一单元：长方体和正方体 1. 使学生通过观察、操作等活动认识长方体、正方体及其展开图，知道长方体和正方体的面、棱、顶点以及长、宽、高（棱长）的含义，掌握长方体和正方体的基本特征。 2. 初步具有1立方米、1立方分米、1立方厘米的实际大小观念，会进行相邻体积单位的换算。	第一单元：扇形统计图 1. 使学生联系现实的问题情境，认识扇形统计图，了解扇形统计图的特点与作用，能读懂扇形统计图。 2. 经历选择统计图描述数据的过程，知道根据数据的特点以及解决问题需要选择合适的统计图。 3. 使学生经历运用统计知识和方法解决问题的过程，能对统计图数据进行一些合

续　表

年级＼目标	上学期目标	下学期目标
	3. 使学生获得空间感，对体积单位的实际大小有具体的量感。 **第二单元： 分数乘法** 1. 使学生理解分数乘法表示的意义，理解和掌握分数乘法的计算法则，并能比较熟练地计算分数乘法。 2. 使学生理解求一个数的几分之几是多少的应用题的数量关系和解题思路，掌握解题方法。 3. 通过学习，学生进一步提高计算的正确率及计算速度，能初步根据算式中分数的特征判断计算结果的合理性。 **第三单元： 分数除法** 1. 使学生体会分数除法的意义，理解并掌握分数除法的计算方法，能正确计算分数（不含带分数）除法以及分数连除和乘除混合运算式题。 2. 能列方程解答已知一个数的几分之几是多少，求这个数的简单实际问题。 3. 通过学习，学生进一步提高计算的正确率及计算速度，能利用分数乘除法的有关知识来解决实际问题，切实体会到学习分数乘除法的意义。 **第四单元： 解决问题的策略** 1. 使学生在解决实际问题的过程中初步学会运用假设的策略、分析数量关系、确定解题思路，并有效地解决问题。 2. 使学生感受假设的策略对于解决特定问题的价值，进一步发展分析、综合和简单推理能力。 3. 感受到假设策略在解决实际问题过程中的作用，体会到解决问题策略的多样性以及优越性。 **第五单元： 分数四则混合运算** 1. 使学生联系已有的整数、小数四则混合运算的知识，理解并掌握分数	理的分析和解释，感受数据所蕴含的信息，进一步积累统计活动经验，发展数据分析观念。 4. 通过看图交流，理解图里的信息。 **第二单元： 圆柱和圆锥** 1. 使学生结合具体的实例，认识圆柱和圆锥，知道圆柱和圆锥的底面、侧面和高的含义，掌握圆柱和圆锥的基本特征。 2. 使学生经历观察、操作、比较、分析、估计、类比、归纳等活动过程，探索并掌握圆柱侧面积、表面积的计算方法，以及圆柱和圆锥的体积公式，能解决一些与圆柱表面积以及圆柱、圆锥体积计算有关的实际问题。 3. 感受立体图形与生活的联系，感受立体图形的学习价值。 **第三单元： 解决问题的策略** 1. 使学生在解决问题的过程中，初步学会选择合适的策略分析数量关系，确定解题思路，并有效地解决问题。 2. 使学生在选择策略解决问题的过程中，初步体会解决问题策略的多样性，获得一些灵活运用策略解决问题的经验。 3. 注重解决问题的过程，体验不同策略的转化思想。 **第四单元： 比例** 1. 使学生在现实的情境中初步理解图形的放大和缩小，能在方格纸上将简单图形放大或缩小。 2. 联系图形的放大和缩小理解比例的意义，认识比例的项和内项、外项，理解并掌握比例的基本性质，能应用比例的基本性质解比例。 3. 理解比例尺的意义，知道比例尺的不同表达形式，会求平面图的比例尺，能应用比例尺解决实际问题。 4. 通过观察、比较、思考和交流，进一步发展学生的空间观念。

续 表

目标\年级	上学期目标	下学期目标
	四则混合运算的运算顺序，并能正确进行分数四则混合运算。 2. 了解整数运算律对分数同样适用，并能应用运算律进行有关分数的简便计算。 3. 对数的运算法则和运算律有较整体的、全面的认识，熟练应用运算律进一步提高运算能力及速度。 第六单元：百分数 1. 使学生在现实情境中，理解百分数的意义，会正确读、写百分数。 2. 能正确进行百分数与小数、分数的互化，会解答有关求一个数是另一个数的百分之几的简单实际问题。 3. 使学生在理解百分数的意义，探索百分数与小数、分数互化的方法，以及解决相关实际问题的过程中，进一步体会数学知识间的内在联系，发展数感。 4. 熟练进行分数、小数、百分数之间的互化，对数的认识更系统全面，体会百分数在实际生活中的价值。	第五单元：确定位置 1. 使学生在具体的情境中认识北偏东、北偏西、南偏东、南偏西这四个方向，能用方向和距离确定物体位置，能根据给定的方向和距离在平面图上确定物体的位置，会描述简单的行走路线。 2. 使学生在用方向和距离描述物体位置的过程中，进一步培养观察能力、识图能力和有条理地表达的能力，发展空间观念。 3. 进一步了解方向、体会距离，发展学生的空间观念。 第六单元：正比例和反比例 1. 使学生结合现实的情境理解正比例和反比例的意义，能根据正比例和反比例的意义判断两种相关联的量是否成正比例或反比例。 2. 使学生初步认识正比例图像（限第一象限），能根据给出的具有正比例关系的两组数据在方格纸上画出相应的图像，能应用正比例图像解决简单的实际问题。 3. 通过数学活动，把所学的数学知识应用到解决实际问题中去。

第三节

拓展儿童思维空间

为了实现上述课程目标，学校根据校情和儿童身心发展特点，建立数学学科课程框架。

一、学科课程结构

根据《义务教育数学课程标准（2011年版）》中的课程内容："在数学课程中，应当注重发展学生的数感、符号意识、空间观念、几何直观、数据分析观念、运算能力、推理能力和模型思想"[①] 结合"拓思数学"的课程理念，为了更好地帮助儿童拓展思维空间，适应多元化发展需求，达到校本课程的目标，开辟丰富的课程体系，数学教研组从"拓思计算、拓思图形、拓思统计和拓思实践"四方面设置课程框架。"拓思数学"课程结构设计如下（图2-1）。

下图中，各板块课程具体描述如下：

1. "拓思计算"课程。此类课程重点关注数与代数领域，结合苏教版小学数学教材，选取关于数感、运算能力、解决问题方面的课程内容，以此提高儿童的运算能力和解决问题的思维与应用能力，感受数学与生活之间的联系。

2. "拓思图形"课程。此类课程重点关注图形与几何领域，通过眼看、

---

① 中华人民共和国教育部. 义务教育数学课程标准（2011年版）[S]. 北京：北京师范大学出版社，2012：5.

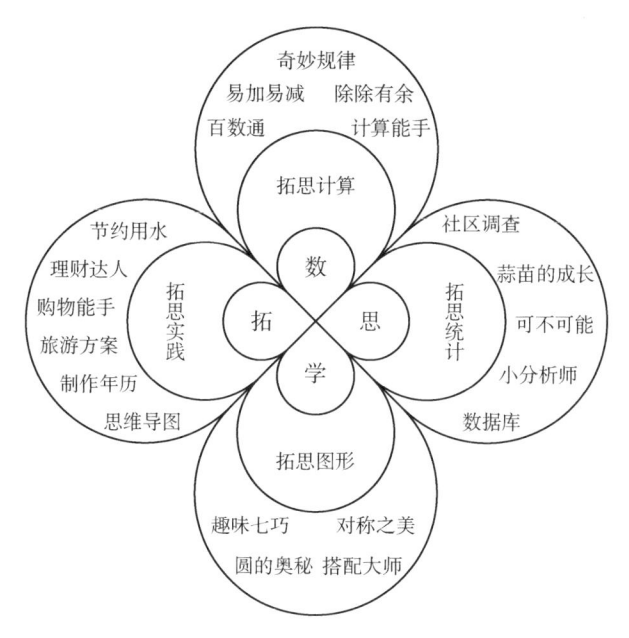

图 2-1 "拓思数学"课程结构图

手做、脑想、耳听、口说等活动,探究图形与几何的世界,发展儿童空间观念和空间思维能力,充分体会数学的趣味性和生动性。

3. "拓思统计"课程。重点关注统计与概率领域,以儿童接触到需要认识的、熟悉的事物为调查主题,经历简单的数据收集、整理、分析和推测过程,认识统计的重要作用,体验概率意义,培养儿童统计意识和数学分析能力。

4. "拓思实践"课程。此类课程重点关注综合与实践领域,通过知识的扩展,沟通数学与人文之间的关系,让儿童感受数学悠久的发展历史及其博大精深,培养他们的高阶思维和综合应用能力。

二、学科课程设置

基于儿童未来发展所需要的关键能力和创造意识,数学教研组将"拓思数学"课程具体设置如下(表 2-2)。

表2-2 "拓思数学"课程设置表

年级册别	课程类别	拓思计算	拓思图形	拓思统计	拓思实践
一年级	上册	易加易减	趣味七巧	收纳小能手	我的校园
	下册	百数通	创意搭一搭	可不可能	抽奖游戏
二年级	上册	乘法口诀	巧思乐拼	环保检测员	节约用水
	下册	奇妙规律	搭配大师	完善图书角	我的压岁钱
三年级	上册	初识分数	对称之美	环保小卫士	制作年历
	下册	除除有余	校园中的测量	看图说话	购物能手
四年级	上册	运算律达人	边边角角	数说家乡	鸡兔同笼
	下册	计算能手	探秘内角和	蒜苗的成长	家庭消费
五年级	上册	巧算小数	巧手包装	省钱小妙招	奇妙的负数
	下册	未知数的秘密	圆的奥秘	社区调查	旅游方案
六年级	上册	数学百分百	生活中的圆	小分析师	理财达人
	下册	玩转数字	小小设计师	数据库	思维导图

第四节

领略数学思维魅力

课程内容主要包括数学知识的传授、数学能力的提升、逻辑思维的发展等，课程体系将这些主要内容多角度、多层次、直观化地呈现在儿童面前。为了确保"拓思数学"课程内容合理实施和不断发展趋势，让教学目标偏向少年儿童课程核心素养，并以科学研究、合理、立体式的点评，确保课程内容能够顺利进行。学校数学教研组融合了前期课堂教学及数学社团活动的实施、数学社会实践活动等不同层面的工作经验，决定通过打造"拓思课堂"、创建"拓思社团活动"、进行"拓思研学旅行"、设计"拓思数学游戏"方案以及构建"拓思社区论坛"五大模式，让儿童多角度、多层次地拓展思维空间，激发创新潜力，开发有深度的数学思维。

一、打造"拓思课堂"，提高课程质量

"拓思课堂"的特点为：课堂上以出示问题引入、激发儿童探究欲望和积极性，探究具体问题。在历经探究的全过程中，使儿童积极主动地参加学习培训，了解、把握专业知识，从而在解决困难、挑战难题、寻找方法后，产生满足感及成就感，另外也锻炼儿童自身的探究能力和小组合作学习能力。

（一）"拓思课堂"的实施与实际操作

1. 构建"趣味"的课堂教学气氛。在挑战中提高学生的勇气与心愿，应激发儿童有话敢说的念头；有心去做，去提高儿童自身的体会；使儿童擅于探索，针对解决困难有强烈欲望，进而在学习过程中收获快乐的感受。

2. 关心全体儿童参与的合理性。为每一个儿童提供一个重在实际效果的参与机遇,使每一位儿童都有表现自身和完成自身的机遇。从参与主题活动的深度和广度上,让每个人都深层次参与其中;从参与主题活动的深层上,重视本质的逻辑思维和主题活动参与方法的多样性。

(二)"拓思课堂"的评价标准

根据"拓思课堂"的实施内容和儿童特点,我们从"教材与目标""教法实施""教学活动"等方面,制定了"拓思课堂"评价表(表2-3)。

表2-3 "拓思课堂"评价细则

评价要素		评价具体标准	评价 ☆☆☆	☆☆	☆
教材与目标		1. 结合课标,制定准确的教学目标。			
		2. 制定的目标符合儿童情况,适合儿童发展。			
		3. 依据教学目标,选择合理的教学内容,突出重难点。			
		4. 能对教材进行整合或者创新,创造性地运用教材。			
教法实施		1. 教学方法多样有效,突破教学重难点。			
		2. 教学环节环环相扣,循序渐进。			
		3. 提出的问题精准、有探究的价值。			
		4. 重视师生互动、学生之间的互动,给予儿童自主学习的领地,通过合作、展示交流等形式,使儿童具备探索式的学习能力。			
教学活动	学习效果	1. 完善预定教学目标,大多数学生达到教学任务。			
		2. 不同层次的儿童在原有水平得到相应的提高。			
		3. 师生互动,生生互动,教学相长。			
	课堂评价	1. 教师、学生、小组多主体参与评价。			
		2. 采用多样的评价方式,对儿童智、能、情、三观等多方面进行指向性与激励性评价。			
	教师素养	1. 语言精准生动、严谨合理、有逻辑性,善于处理突发事件。			
		2. 能驾驭课堂教学,营造和谐的学习氛围,引导儿童质疑释疑。			
		3. 板书工整、规范,布局合理。			
		4. 利用多媒体进行辅助教学,达到有效。			

二、创建"拓思社团",享有学习的快乐

依据办学特色、学校资源及儿童身心发展趋势,开发了"拓思社团"。"拓思社团"包含"数独达人""扑克游戏的秘密""投资理财部族""三阶魔方能人"等。"拓思社团"做为塑造儿童核心素养的另一个课堂教学,以其更大的主题活动范畴,更丰富的主题活动,更灵便的参加方式,备受儿童的钟爱;根据栩栩如生、有趣的活动方式,培养儿童的兴趣爱好,提高研究数学题目的能力,为儿童出示一个拓宽逻辑思维、学有所用、健康成长的服务平台。根据这一课堂教学,协助儿童扩展专业知识,开发逻辑思维、提升能力、增长见识。期待它能变成儿童发展个性化优点、提高少年儿童各类素质的一片新世界。

(一)"拓思社团"的实施与实际操作

1. 全方位调查,明确课程内容。社团的开发并不是盲目跟风的、随便的,是按儿童兴趣爱好特性、附近资源等,在普遍调查、征询建议的基础上优选而出。

2. 剖析特性,给予指导。社团辅导老师关系到团队的基本建设、课程内容设立、实施点评的整个过程,依据老师的个人优点和课程专长,剖析社团的特性和实施重点难点,在历经推敲和核对的基础上,在重视老师本人意向的前提条件下,选定社团的辅导教师。

3. 双向选择,你情我愿。因社团是面向一部分儿童的选修课内容,选中以后,选用"双向选择"的标准来明确每一个社团选修课学生名单。

4. 用心提前准备,扎扎实实主题活动。为提高"拓思社团"执行的实际效果,在社团创立之初,有关社团的规章制度、主题活动方法、社团规划纲要、实例设计方案、点评评定量表等必须要全方位地提前准备,每一次社团主题活动要定内容、定时间,课上学习培训有记录,课下交流重思考。

5. 家校联系,寻找协力。先向该校家长发出"致家长的一封信",再向家长报告社团课程内容设立目标和方案,让家长和儿童一起挑选,并在参加、感受的全过程中给予儿童适度的扶持和具体指导。

6. 整理获得,多种多样展示。社团的基本建设致力于做真实的自己、激励专长发展趋势,在一定地区范畴内的交流和展示,将为儿童提供非常好的交流和展示服务平台,既拓宽了视线,提高了信心,自身也得到一定的

发展。

（二）"拓思社团"的评价

根据"拓思社团"的实施内容和儿童特点，我们从"社团组建""社团活动""社团成果展示"等方面，制定了"拓思社团"评价表（表2-4）。

表2-4 "拓思社团"评价量表

评价项目	评价标准	评价等级		
		优秀	良好	合格
社团组建	按儿童意愿组建，配备辅导老师，有固定活动场地。			
社团活动	制定管理制度和活动计划。			
	活动主题、内容、形式符合儿童年龄特点和认知规律。			
	有活动签到表，活动记录及作品、照片等活动过程性资料。			
	有活动总结及活动反思。			
社团成果展示	展示形式新颖，有创意。			
	展示内容能全面体现本社团的活动特点及特色。			
	展示具有可借鉴性或推广价值等。			

三、设计方案"拓思游戏"，感受数学的快乐

"课程内容游戏"是紧紧围绕一个或好几个结构型的游戏开展的学习培训。在这类在线学习平台中，"课程内容游戏"变成学习培训的关键服务平台，而紧紧围绕主题的结构型内容就变成学习培训的关键总体目标。老师团体需科学研究、策划不一样的主题游戏活动，以多种形式的游戏活动吸引住儿童。课程游戏实施过程让儿童自身设计方案、自身策划方案、自身执行、自身点评，从选中主题到活动阶段、活动展现等都让儿童参与进去，展现学习培训的重大成果。

（一）"拓思游戏"的实践活动与实际操作

构建"拓思游戏"，推动儿童深刻认识数学趣味，将数学游戏与数学课程结合，激起儿童的兴趣爱好，塑造个性化专长，提升儿童的逻辑思维、自学能力和自主创新能力。设计的游戏活动主题如下（表2-5）。

表2-5 拓思游戏活动主题

拓思游戏	日程安排	活动方式	活动目的
图形游戏	1—7周	班集体活动	依靠学具亲力亲为,参加各种各样活动获得数学专业知识和学习策略。
运算游戏	8—14周	班集体活动	根据有趣的探索活动,发掘趣味算式中蕴涵的规律,体会数学的趣味和奇妙,激发儿童学习培训的兴趣。
推理游戏	15—16周	全校展示	根据提供的多个条件分析语言,辨别真假,培养儿童的逻辑推理能力。

(二)"拓思游戏"的评价

游戏不仅能给儿童带来快乐,也可以产生学习的乐趣与兴趣,将数学思维训练融进游戏中,能让儿童更加深刻了解、应用数学。体会游戏的挑战性,感受游戏与数学课的密切联系,更能提升儿童的兴趣,拓宽儿童的视野,提升参与性。制订的"拓思游戏"评价规范如下(见表2-6)。

表2-6 "拓思游戏"的评价规范

评价新项目	评价规范	评价级别			
		A	B	C	D
活动内容	从教学目标考虑,合乎儿童的认知水平。				
	关心儿童的兴趣点,论文选题生动活泼,儿童参加激情高。				
	反映办学特色,重视自主创新。				
	合乎课程内容的培养计划,为达到总体目标服务项目。				
主题活动参加	能用心搞好主题活动,早期做出各种准备。				
	能积极发现问题并单独解决问题。				
	能积极与人互助合作,沟通交流与共享。				
	能依据活动内容要求进行活动和每日任务。				
主题活动实际效果	独立思索、设计方案。				
	学会与人协作交往,学会反思。				
	实际操作和处理问题。				
	有真正的探究和创新意识。				

四、重视"拓思实践",推动学习数学方法的转型

"拓思实践活动"是让儿童参加到日常生活难题调查分析、解决困难问题的全过程中,进而塑造儿童积极研究、解决困难的能力,并产生科研成果和著作。

(一)"拓思实践"的执行与实际操作

作为教育信息化的数学学科,从学习培训视角而言,包含自身、院校、小区、社会发展等各行各业;从学习内容而言,数据与解析几何、图形与室内空间间距、统计分析与可能性、实践活动,主题鲜明;从教学方式而言,自觉学习、伙伴互帮互助、老师学生协作、班级管理合作等交错互促,这一系列的特性为"拓思实践"主题活动的设计方案和执行提供了可能性。

依照"拓思实践"学习培训不一样的内容,学校数学学科的实践活动分成穿插学年中的特点课程主题活动和分散化在假期的课程实践新项目(表2-7)。

表2-7 拓思实践活动主题风格一览表

等级	活动标题	具体方法和规定	著作展现方式
一数	新春信用卡账单	新春是十分关键也是十分传统的节日,家家户户都置办年货,儿童作为家庭主要成员,参加在其中,传递快乐,也作出贡献。融合一年级数学,记录新春的消费支出十分适合,既体会数学课在身边,又在活动中认识新的数,同时累积了社会经验。	手抄报 视 频 照 片
二数	压岁钱献孝道	制订用压岁钱给老人送礼物的计划方案,开展执行,并结合主题活动历经写成数学日记。	手抄报 视 频 照 片
三数	有效配搭定制年夜饭	现在国家倡导"勤俭节约、抵制浪费"。年夜饭应当荤素搭配有效定制,营养搭配才最有益于身心健康。因此,我们可以依据家中总数和爱好来置办年货,提前准备年夜饭食物,防止多余的消耗,配搭出即营养又丰富多彩的菜肴。	调查报告 视 频 照 片

续表

等级	活动标题	具体方法和规定	著作展现方式
四数	春联文化艺术里的数学课	每到农历春节，城市乡村里的家家户户必须贴一幅大红色春联于门边，为传统节日增添节日气氛。春联很注重平仄两色，音韵和睦，要有对仗、对偶等，不但篇幅相同，构造对称性，含义还要相对，当然相映成趣。一个家庭里，不同的位置贴的春联也不尽相同，怎么搭配购买最合适？人们张贴的春联中多少字的最多呢？就请孩子们利用所学知识去统计和研究一下吧！	调查报告 视　频 照　片
五数	新春佳节家中消费小调研	春节是我国传统节日，是亲朋好友聚餐，欢欢喜喜的节日。大家庆贺传统节日会在哪些方面消费，这种消费有效吗？让学生对数据信息开展剖析，从而下结论。根据此次主题活动正确引导学生有效消费，倡导"绿色新年"。	调查报告 视　频 照　片
六数	假期我当家	把假期内的民族节日与一年级至六年级所教统计分析层面有关专业知识紧密结合。六年级的儿童已具有数据信息的收集、梳理、剖析的能力。根据六年级儿童的身心特性，使他们感觉自身已长大了，想自立。	调查报告 视　频 照　片

（二）"拓思实践活动"的评价规范

"拓思实践活动"更为关心学生的参加能力、创新能力、研究能力、团队协作等各层面能力的塑造和发展趋势，根据此，我校在设计方案评价规范和量表时，特别关心这种层面的主要表现，并试着融合班集体、班级、院级等多方位的比赛，推动儿童项目式学习的进行和执行。

评价的关键是全方位掌握儿童的学习行为和学习培训过程，关键从个性化展现、参加观念、协作观念、创新能力及综合性表现六个内容进行评价，多方位反映儿童在课程中的综合能力表现（表2-8）。

表2-8　儿童发展评价表

点评因素	点评级别			自我评价	同学们评价	师评
	出色★★★	优良★★	合格★			
参加意识	积极开展自觉性强。	可以参加，积极开展欠佳。	能够参与。			

续表

点评因素	点评级别			自我评价	同学们评价	师评
	出色★★★	优良★★	合格★			
实践活动能力	很强	较强	表现一般。			
合作意识	有较强相处能力，合作能力强。	能以大局为重，会与人合作。	有合作意识。			
自主创新能力	意识显著逻辑思维活跃。	有自主创新意识。	表现一般。			
综合性表现	积极、逻辑思维活跃、表现突出。	积极开展，展现自身。	默守成规，表现一般。			
学习效率	成效丰富多彩，全过程详尽，材料完善，产生了本人的见解和看法。	有一定的成效，基本产生了自身的观点，内容尚需进一步健全。	成效不多，有点儿收获和思索，欠缺专业化了解。			

五、搭建"拓思论坛"，沟通交流共享感受体会

搭建"拓思论坛"是为儿童的数学课阅读和实践活动打造出立体式全方位的数学学习场地与沟通交流的服务平台。现阶段数学阅读在数学学习方法中的影响力逐渐提高。持续的数学阅读能提高学生的逻辑思维能力，提升儿童的剖析层级，养成记小结、剖析、思考等良好习惯。着眼于不同儿童的发展趋势，打造不一样的数学课室内空间，让儿童的观念、认知能力、情感、感受插上能飞的羽翼，体会成长中的快乐。数学思维训练根据不一样的展现方式拓宽少年儿童的视野，在实践活动实际操作中去体会，在互相交流经验中开展深层次思索，进而加深了解。

（一）"拓思论坛"的实施与操作

从"互联网论坛、课室论坛、校级论坛"三层面，发掘一切能够利用的

资源，由老师、儿童和父母相互参加，积极主动搭建"拓思论坛"。

"互联网论坛"是一个利用互联网搭建的论坛服务平台，激励儿童创建个人网站，记录全部课程内容中的踪迹，创建班集体和校级的互动交流平台，相互学习相互提高。

"课室论坛"是一个运用课室构建的线下实际论坛，老师是儿童学习活动的关键引领者，能够开发设计论坛使用价值。如专业开拓一面墙，用以展现学生的出色数学作业、荣誉榜、经典作品、数学小知识等，并以积分方式记录在班级优化大师里。

"校级论坛"是一个更加宽阔的论坛场地，包含公共图书馆、文化长廊、多媒体课室等，并为儿童留出充足的室内空间，考虑儿童研究和认证的要求，让儿童开展丰富多彩的实践活动来交流学习。总而言之，校级论坛是让学生捕获校园内的数学课身影，搜集数学课片断，从而创造性地进行学习活动的地区。

（二）"拓思论坛"的点评规范

因为"拓思论坛"的室内空间超越性，"拓思论坛"是以定量分析点评为主导，定性评价为辅助，选用积分规则，创建"班级优化大师"的点评体制。互联网论坛层面，发布 Blog 一篇积一分，高品质 Blog 一篇积两分；课室论坛层面，走上展现板一次积一分；校级论坛层面，参加数学活动一次积一分，产生活动报告一篇积三分。一月开展一次展评，依据"班级优化大师"积分的多少，挑选出"数学课造就新星""数学课设计达人"。在持续累积的全过程中，使得学生享有成功的喜悦，感受美好体验，培养学生的自信心和提高自我认可感。

总之，"拓思数学"一切都是为了让学生感受数学的魅力所在，一切都是以学生的发展为基准，让孩子在心情愉悦的环境下拓展思维，激发创造潜能。

（撰稿者：许立　赵燕　崔伊娜　郭岩　殷婷婷）

第三章

基于课程结构的决策

基于课程结构的决策的意义在于：不仅能使儿童循序渐进地思考问题，接收清晰而明确的内容，更能使儿童掌握知识的本质，宏观把控知识脉络，使思维产生创造性的跳跃。发散的创新思维使课堂活泼生动，严谨的逻辑思维使儿童的学习过程更加缜密。最终逐步培养儿童乐于思考、勇于质疑、思维缜密、言必有据的良好思维习惯，让儿童在数学学习中体验思维的快乐。

基于课程结构的决策就是根据课程各部分之间的衔接及关联关系，明确课程各组成部分如何有机结合，进而确定课程体系架构，使得决策结果更有利于数学知识系统的传授和接收。依据《义务教育数学课程标准（2011年版）》，笔者认为数学课程体系结构可以概括性地划分成基础课程、实践课程和综合课程三大板块。基础课程即国家官方课程，拓展课程即在数学学科范畴之内的课程，综合课程即在数学学科之外对其他学科的拓展及结合。拓展课程和综合课程是在基础课程之上的升华，需要融合更多的其他学科和因素来开发并真正实现这些课程。而现实中，传统的小学数学课程体系结构更多的是强调数学的学术性，强调只有用那些可"教授"的数学学术知识才能来组织课程，而情绪、经验、艺术或社会因素等则不被作为课程的来源。

《义务教育数学课程标准（2011年版）》指出："数学课程应致力于实现义务教育阶段的培养目标，要面向全体学生，适应学生个性发展的需要。"[①] 这里强调： 不同的儿童结合自身特点在数学上应得到不同维度的发展。所以新课程的结构安排应遵循以下原则： 一是渐进原则，课程结构和知识顺序应调试为"螺旋上升"的状态；二是逻辑原则，螺旋状态开启之后，认知发展这个主中心轴要将各种散点知识严密组织，使其螺旋环绕，形成多个逻辑严谨的螺旋圈；三是个性原则，结合不同儿童的发展特点，再重新调试，找出最适合每一位儿童发展的螺旋圈组合；四是统筹原则，基于对课程标准和课程内容的全面把控，结合课程目标和课程结构，对多维螺旋圈进行全局规划和统筹安排。

基于对以上观点深刻的理解和认识，合肥市凤凰城小学秉承学科课程哲学，结合儿童身心发展规律及该校儿童的普遍特点，对数学知识进行逐步渗透、逐步拓展。将数学学科课程理念定位为"童思数学"，希望从儿童不断成长与进步的角度逐步进行创造性的思考，灵活运用所学的知识、融会贯通，提高思考、实践、创新的能力，让儿童随着身体的成长，思维也一步步真正地成长并活跃起来。该校的课程结构具体包括"数字世界""图形王国""统计天地""生活实践"四大类，构成了一个多元结构的数学课程。

---

① 中华人民共和国教育部. 义务教育数学课程标准（2011年版）[S]. 北京：北京师范大学出版社，2012：2.

其中,"数字世界"通过开展有趣的计算、巧算活动,丰富解题策略,提高儿童计算兴趣、计算能力、发展思维灵活性。"图形王国"根据儿童已有的生活经验和不同的认知规律,在现实探索中充分发挥儿童各种感官机能,经历剪、拼、画等动手操作活动,体会图形变化的神奇,进一步发展儿童的空间想象。"统计天地"注重发展儿童根据标准对事物或数据进行综合分析和初步判断的能力,经历简单的数据收集和整理过程,启发儿童自创可视化统计表,并体会统计的价值和魅力,逐步渗透统计观念。"生活实践"有助于儿童体验数学知识间的内在关联、数学与现实生活的内在关联。依托自主探究、小组合作等形式,为儿童提供参与社会实践活动的平台,感悟数学与生活的联系,发展应用意识。

合肥市凤凰城小学精选儿童终身学习必备的基础知识和技能,课程设置充分考虑到儿童的特点、爱好,环境和科技水平等要素,尤其注重儿童在课程中的主体性作用。表现在对于同一"块"的数学知识,在各年段规划了适当的量,而这些"量"是随着儿童的年龄增长以及经验、认知和能力的增长而呈现明显的加深与拓展。这种螺旋式结构呈现方式,更有利于数学知识系统的传授与接收。

(撰稿者:赵燕)

童思数学:让思维动起来

合肥市凤凰城小学成立于 2006 年。学校现有 13 名数学专任教师,其中 1 人具有研究生学历,12 人具有本科学历,合肥市骨干教师 2 人,蜀山区骨干教师 3 人。老师们刻苦钻研,深入开展各项数学活动,工作态度认真负责、爱岗敬业,对待学生有爱心、有耐心。近年来,许多数学教师获得多项荣誉称号,在教学活动中分别获得市、区级一、二、三等奖,多篇论文获得国家、省、市级奖。教师们优秀的学习品质和工作风格为我们数学课程开发提供了有效的保障。我们依据《教育部关于深化课程改革,落实立德树人根本任务的意见》以及《义务教育数学课程标准(2011 年版)》,推进学校数学学科课程建设,取得了可喜的成效。

第一节

培育学思共生的理念

一、学科性质观

《义务教育数学课程标准（2011年版）》指出："数学是研究数量关系和空间形式的科学。数学与人类发展和社会进步息息相关，随着现代信息技术的飞速发展，数学更加广泛应用于社会生产和日常生活的各个方面。数学是人类文化的重要组成部分，数学素养是现代社会每一个公民应该具备的基本素养。"

"义务教育阶段的数学课程是培养公民素质的基础课程，具有基础性、普及性和发展性。数学课程能使学生掌握必备的基础知识和基本技能，培养学生的抽象思维和推理能力，培养学生的创新意识和实践能力，促进学生在情感、态度与价值观等方面的发展。"[1]

培养学生的抽象思维、推理和实践能力是数学课程目标的核心所在，联系学生爱思考、敢表达、乐探究的特点，我们希望学生能够学思共生。

二、学科课程理念

思，就是"思维"，意思是深度思考。学习活动离不开思维，一切发明创造、科学研究离不开思维，思维能力是一切学习活动的核心。基于以上原因，我们提出了以"童思数学"为核心的数学学科课程理念。我们希望学生

---

[1] 中华人民共和国教育部.义务教育数学课程标准（2011年版）[S].北京：北京师范大学出版社，2012：1.

从儿童的角度进行创造性的思考，灵活运用所学的知识、融会贯通，提高思考、实践、创新的能力，让思维真正的动起来。

"童思数学"：勤乐思。"童思数学"将始终把培养学生的思考能力放在首位，让学生乐于经历阅读、分析、判断、推理等数学学习历程，在思辨中让思维得到发展与提升。

"童思数学"：促善言。学生要想准确表达，首先要有自己的思考、想法和观点，其次要把自己的思想和观点用自己的语言说出来；再次表达后要有同伴的倾听和反馈。在"童思数学"的实施过程中，我们致力于培养学生用准确、清晰、有条理的语言进行数学表达的能力，呈现解决问题的策略与思路，感悟数学语言的魅力。

"童思数学"：重笃行。"笃行"的词典解释为：学的最后阶段，就是既然学有所得，就要努力践履所学，使所学最终有所落实，做到"知行合一"。这也是我们一直在追求的应用意识和学用交融的境界。"童思数学"注重培养学生将学习所得融合、内化、迁移的能力，自如地运用到现实生活，享受应用数学的价值。

第二节

增强坚定不移的信念

《义务教育数学课程标准（2011年版）》指出的课程目标是："通过义务教育阶段的数学学习，学生能获得适应社会生活和进一步发展所必需的数学的基础知识、基本技能、基本思想、基本活动经验；体会数学知识之间、数学与其他学科之间、数学与生活之间的联系，运用数学的思维方式进行思考，增强发现和提出问题的能力、分析和解决问题的能力；了解数学的价值，提高学习数学的兴趣，增强学好数学的信心，养成良好的学习习惯，具有初步的创新意识和科学态度。"[①] 基于此，学校确定了如下数学学科课程目标。

一、学科课程总体目标

依据《义务教育数学课程标准（2011年版）》提出的"数学课程应该致力于实现义务教育阶段的培养目标，要面向全体学生，适应学生个性发展的需要，使得人人都能获得良好的数学教育，不同的人在数学上得到不同的发展"[②]。我们把"童思数学"课程总体目标分为知识技能目标、数学思考目标、问题解决目标、情感态度目标四个维度。

（一）知识技能目标

经历数与代数的抽象、运算与建模等过程，掌握数与代数的基础知识和

[①] 中华人民共和国教育部. 义务教育数学课程标准（2011年版）[S]. 北京：北京师范大学出版社，2012：4.
[②] 中华人民共和国教育部. 义务教育数学课程标准（2011年版）[S]. 北京：北京师范大学出版社，2012：2.

基本技能；经历图形的抽象、分类、性质探讨、运动、位置确定等过程，掌握图形与几何的基础知识和基本技能；经历在实际问题中收集和处理数据、利用数据分析问题获取信息的过程，掌握统计与概率的基础知识和基本技能；参与综合实践活动，积累综合运用数学知识、技能和方法等解决简单问题的数学活动经验。

（二）数学思考目标

建立数感、符号意识和空间观念，初步形成几何直观和续表运算能力，发展形象思维与抽象思维；体会统计方法的意义，发展数据分析观念，感受随机现象；在参与观察、实验、猜想、证明、综合实践等数学活动中，发展合情推理和演绎推理能力，清晰地表达自己的想法；学会独立思考，体会数学的基本思想和思维方式。

（三）问题解决目标

初步学会从数学的角度发现问题和提出问题，综合运用数学知识解决简单的实际问题，增强应用意识，提高实践能力；获得分析问题和解决问题的一些基本方法，体验解决问题方法的多样性，发展创新意识；学会与他人合作交流；初步形成评价与反思的意识。

（四）情感态度目标

积极参与数学活动，对数学有好奇心和求知欲；在数学学习过程中，体验获得成功的乐趣，锻炼克服困难的意志，建立自信心；体会数学的特点，了解数学的价值；养成认真勤奋、独立思考、合作交流、反思质疑等学习习惯；形成坚持真理、修正错误、严谨求实的科学态度。

总目标的这四个方面，不是相互独立和割裂的，而是一个密切联系、相互交融的有机整体。在课程设计和数学活动组织中，应同时兼顾这四个方面的目标。这些目标的整体实现，是学生受到良好数学教育的标志，它对学生的全面、持续、和谐发展有着重要的意义。数学思考、问题解决、情感态度的发展离不开知识技能的学习，知识技能的学习必须有利于其他三个目标的实现。

二、学科课程年级目标

根据课程标准的要求，从数与代数、图形与几何、统计与概率、综合与实践四方面入手，结合数学课程标准总目标和我校一至六年级的学情，我们将数学课程年级目标设置如下：

依据课程标准，参考教材和教学用书，我们拟定了"童思数学"课程年级目标。这里，我们以三年级为例（表3-1）。

表3-1 "童思数学"课程三年级目标表

上学期课程目标	下学期课程目标
1. 会笔算三位数的加、减法，会进行相应的估算和验算。	1. 会笔算一位数除多位数的除法、两位数乘两位数的乘法，会进行相应的乘、除法估算和验算。
2. 会口算一位数乘整十、整百数；会笔算一位数乘二、三位数，并会进行估算；能熟练地计算除数和商是一位数的有余数的除法。	2. 会口算一位数除商是整十、整百、整千的数，整十、整百数乘整十数，两位数乘整十、整百数（每位乘积不满十）。
3. 初步认识简单的分数（分母小于10），会读、写分数并知道各部分的名称，初步认识分数的大小，会计算简单的同分母分数的加减法。	3. 初步认识简单的小数（小数部分不超过两位），初步知道小数的含义，会读、写小数，初步认识小数的大小，会计算一位小数的加减法。
4. 初步认识平行四边形，掌握长方形和正方形的特征，会在方格纸上画长方形、正方形和平行四边形；知道周长的含义，会计算长方形、正方形的周长，能估计一些物体的长度，并进行测量。	4. 认识东、南、西、北、东北、西北、东南、西南八个方向，能够用给定的一个方向（东、南、西、北）辨认其余的七个方向并能用这些词语描述物体所在的方向；会看简单的路线图，能描述行走的路线。
5. 认识长度单位千米，初步建立1千米的长度概念，知道1千米=1 000米；认识质量单位吨，初步建立1吨的质量观念，知道1吨=1 000千克；认识时间单位秒，初步建立分、秒的时间观念，知道1分=60秒，会进行一些有关时间的简单计算。	5. 认识面积的含义，能用自选单位估计和测量图形的面积，体会并认识面积单位（平方厘米、平方分米、平方米、平方千米、公顷），会进行简单的单位换算；掌握长方形、正方形的面积公式，会用公式正确计算长方形、正方形的面积，并能估计给定的长方形、正方形的面积。
6. 初步体验有些事件的发生是确定的，有些则是不确定的；能够列出简单实验所有可能发生的结果，知道事件发生的可能性是有大小的，能对一些简单事件发生的可能性做出描述。	6. 认识时间单位年、月、日，了解它们之间的关系；知道各月以及全年的天数；知道24时计时法，会用24时计时法表示时刻。
7. 能找出事物简单的排列数和组合数，形成发现生活中数学的意识和全面思考问题的意识，初步形成观察、分析及推理的能力。	7. 了解不同形式的条形统计图，初步学会简单的数据分析；了解平均数的意义，会求简单数据的平均数（结果是整数）；进一步体会统计在现实生活中的作用。
8. 体会学习数学的乐趣，提高学习数学的兴趣，建立学好数学的信心。	8. 经历从实际生活中发现问题、提出问题、解决问题的过程，体会数学在日常生活中的作用，初步形成综合运用数学知识解决问题的能力。
9. 养成认真作业、书写整洁的良好习惯。	

第三节

锻造童趣的实践平台

为了实现上述课程目标,我校依据"童思数学"课程基本理念,建立学校数学学科课程框架。

一、学科课程结构

"童思数学"课程依据《义务教育数学课程标准(2011年版)》,秉承学科课程哲学,结合学生发展特点,具体分为"数字世界""图形王国""统计天地""生活实践"四大类。多元结构图如下(图3-1)。

图 3-1 "童思数学"课程结构图

上图中，各板块课程具体描述如下：

（一）数字世界

通过开展有趣的计算、巧算活动，丰富解题策略，提高学生计算兴趣、计算能力、发展思维灵活性。开设的有"数字精灵""进退有理""乘除相依""争分夺秒""运算魔力"等课程。

（二）图形王国

根据学生已有的生活经验和不同的认知规律，调动学生多种感官进行探究活动，经历剪、拼、画等动手操作活动，体会图形变化的神奇，进一步发展学生的空间观念。开设的课程有"千奇百怪""外圆内方""四面八方""面面俱到""平行之美""谜之三角"等。

（三）统计天地

依据《义务教育数学课程标准（2011年版）》中"统计与概率"领域内的阐述，我们注重发展学生根据标准对事物或数据进行分析，经历简单的数据收集和整理的过程，能用自己的方式呈现结果，并体会统计的价值，发展统计观念。开设的有"物以类聚""人以群分""收集分类""调查高手""一目了然""活泼折线"等课程。

（四）生活实践

实践活动能让学生感受到数学在生活中无处不在，并能运用数学知识解决生活中的问题。依托自主探究、小组合作等形式，为学生提供参与社会实践活动的平台，感悟数学与生活的联系，发展应用意识。开设的课程有"趣味拼搭""购物之旅""七巧玲珑""认识朋友""24点游戏""鸡兔同笼"等。

二、课程设置

除了基础类课程外，"童思数学"课程设置如下（表3-2）：

表3-2 合肥市凤凰城小学"童思数学"课程设置表

小凤凰 年级	数字世界	图形王国	统计天地	生活实践
一年级	上册：数字精灵 下册：进退有理	上册：千奇百怪 下册：外圆内方	上册：物以类聚 下册：人以群分	上册：趣味拼搭 下册：购物之旅

续　表

小凤凰\年级	数字世界	图形王国	统计天地	生活实践
二年级	上册：乘除相依 下册：争分夺秒	上册：量长较短 下册：四面八方	上册：比比皆是 下册：收集分类	上册：七巧玲珑 下册：认识朋友
三年级	上册：运算魔力 下册：鱼龙混杂	上册：到底有多长 下册：面面俱到	上册：睡眠时间 下册：调查高手	上册：数学绘本创作 下册：24点游戏
四年级	上册：机关算尽 下册：化繁为简	上册：平行之美 下册：谜之三角	上册：小小统计员 下册：小小侦探家	上册：快乐摸球 下册：猜猜我在哪
五年级	上册：点睛之笔 下册：多变的数字	上册：变中求衡 下册：智慧圆环	上册：一目了然 下册：活泼折线	上册：钉子板中的奥秘 下册：移形幻影
六年级	上册：分数巧算 下册：黄金比例	上册：立体之美 下册：三维空间	上册：省钱高手 下册：扇子中的数学	上册：鸡兔同笼 下册：定位和导航

第四节

酝酿和谐的学习氛围

"童思数学"课程依据学科课程理念、课程目标、课程设置,结合学校现状,师生特点,从五个方面设计"实施与评价",即"童思课堂""童思数学节""童思之旅""童思社团""童思探究",旨在践行"学用交融"的课程理念。

一、落实"童思课堂",提升数学课程品质

"童思课堂"是智慧而有趣的学习过程,让我们不断追溯数学的本源。"童思课堂"设定多元的学习目标,选择丰富的学习内容,制定灵活的学习方法,睿智幽默的教学语言,彰显童思数学的智慧和趣味,构建和谐学习氛围。课堂中采用启发式教学,让学生不断发现问题,并引导学生深入思考,从而找出解决问题的方法。

(一)"童思课堂"的实践与操作

"童思课堂"的学习目标是多元清晰的,学习内容是丰富鲜活的,学习方式是自主融洽的,学习效果是学用结合、全面发展的。

1. "童思课堂"课堂目标多元化。课堂目标是课堂教学的根本,是一节课最终需要达成的目的。课堂目标一旦确定,学习活动就围绕目标来开展。多元的目标丰富而不杂乱,开放而不宽松,自主又有合作。

2. "童思课堂"学习内容丰富性。就数学学科本身的特点而言,如果学习内容过于刻板、枯燥,会降低学生的学习兴趣和效果。课堂教学中,要为学生提供丰富而有趣的教学内容,组织学生自主学习,让每一个学生在课堂

中都能有所收获、有所发展。前期备课的时候，老师们就会根据整册教材的内容，确定符合学生年龄特征的拓展类学习内容，并与基础类课程进行融合，行之有效地穿插在课堂前5分钟或最后5分钟时间内。

3. "童思课堂"课堂环节民主化。在"童思课堂"上，发散的创新思维使课堂活泼生动，严谨的逻辑思维使学生的学习过程更缜密。在课堂学习过程中，有意识地逐步培养学生乐于思考、勇于质疑、思维缜密、言必有据的良好思维习惯，让学生在数学学习中体验思维的快乐。教师在备课前进行充分预设，做到有的放矢；课堂上，师生民主平等对话，学思共生。生生之间充分互动，互相交流、探讨，小组合作学习，鼓励学生提出质疑，学生在思辨、质疑互动中提升自己、获取新知。

4. "童思课堂"教学氛围有趣性。阅读不光在语文教学中，数学课堂引入数学阅读，能提高课堂教学的趣味性。特别是不同形式的文本，一定对学生的学习习惯、学习兴趣、情感态度和价值观产生一定的影响。数学文化渗透在课堂教学中，能让学生感受到中华文化的博大精深，活跃课堂气氛，激发学习兴趣，让学生在数学王国里乐此不疲。学期初，老师都会根据教材推荐适合的阅读书籍，课堂上给学生一两分钟展示与本节课学习内容相关的数学文化。

5. "童思课堂"教学方法灵活性。"童思课堂"采用灵活多样的教学方法，采用不同的方法提高课堂教学效率。我们开展了"我是好老师""小小辩论会""优计划""男女专享""组组大比拼"等多种教学活动。课堂上丰富的教学活动、多样的教学方法、巧妙的教学语言，彰显了教师在教学过程中的智慧与创新，凸显了学生学习过程中的探索性和自主性。

（二）"童思课堂"的评价标准

多元化的评价途径更符合学生的成长特点，有利于学生的主动发展，增强学生的自信心，调动学生的热情，让学生发现自己的进步。使教师更深入地理解"童思课堂"的理念，提升教师的专业素养，丰富教师的课堂经验，完善课堂的构成要素，实现师生相长。从五个不同的方面，设计了"童思课堂"教学评价标准（表3-3）。

表 3-3 "童思课堂"教学评价标准

项目	评价要点	分值	评分
教学理念（15分）	1. 充分创设情境，激发学生兴趣，充分调动学生的积极性，让学生能主动、独立地完成"学"的环节。	5	
	2. 教学面向全体，尊重差异，并采取相应的措施，鼓励学生人人参与到学习当中，善于用各种不同的方法评价学生，赏识学生，让学生体验成功的快乐。	5	
	3. 注重突出学生为主体，积极引导学生在探究学习的过程中发现、提出问题，并围绕问题开展小组合作、讨论、交流、汇报。	5	
教学设计（10分）	4. 现课程改革的整体课程目标要求，结构合理、有创意、符合学生学习实际。	5	
	5. 选择教学策略得当，制作课件及选用媒体资源恰当，学习评价适宜。	5	
教学过程（50分）	6. 教学思路清晰，知识层面清晰，教学方式、方法运用得当、灵活，教学重难点突出。	8	
	7. 教学注重互动性，调动学生主动、有效参与学习活动，课堂气氛活跃。	7	
	8. 电子白板及多媒体运用适宜、熟练且有效。	10	
	9. 教学安排及活动流畅、生动、自然。	7	
	10. 适时、有效地进行学习评价。	6	
	11. 关注学生学习差异，指导和激励有启发性。	6	
	12. 教学民主和谐，教师基本功扎实，有良好的课堂应变能力。	6	
教学效果（20分）	13. 学生主动参与面广，注重培养学生自主、合作、探究及信息技术等学习能力，形成师生互动的良好局面。	10	
	14. 三维目标基本达成，不同层次的学生均得到发展。	10	
教学特色（5分）	15. 教学某些方面发挥突出或有创新。	5	
总分		100	

二、建立"童思数学节"，浓郁数学文化

"童思数学节"为学生提供一个展示自我的舞台，锻炼了学生数学能

力，激发了学习数学的兴趣，丰富了学校文化。让学生在活动中学习，在游戏中体验，培养学生解决问题的能力，把严谨的数学知识变成了好玩儿的、有趣的各种活动。

（一）"童思数学节"的实践与操作

数学节的内容不是固定不变的，教师可以根据实际情况，重新创设有意义的节日内容。先拟定出数学节的名称由来、知识内容、实施计划、评价方法等，再由课程委员会及学生代表进行评议。"童思数学节"实施过程要有仪式感，采用小组合作、家校联合的方式进行。"童思数学节"课程设置如下（表3-4）。

表3-4 "童思数学节"课程设置表

时间	年级	课程
12月27日	一年级——六年级	巧算24
10月11日	一年级——三年级	我们认识的数
9月11日	四年级——六年级	数学手抄报
6月25日	一年级——六年级	数学特色作业
3月23日	四年级——六年级	数学知识秀
1月16日	一年级——三年级	数字歌

（二）"童思数学节"的评价标准

根据"童思数学节"课程意涵，我们综合课程活动前的方案设计、活动时的课程实施、活动后的活动效果等情况进行评价，具体如下（表3-5）。

表3-5 "童思数学节"课程评价标准

评价内容	评价标准	权重分	得分
方案	1. 主题鲜明、立意新颖、寓意深刻，具有时代性、科学性、针对性、实效性、教育性。 2. 内容能紧随社会热点，与学生的生活联系，突出重点，可操作性强。 3. 活动设计有特色和亮点，创意十足，注重学生的自主性和活动的趣味性。	30	

续表

评价内容	评价标准	权重分	得分
实施	1. 情景设计细化，活动各环节考虑细致，易操作。 2. 依据所确定、分解、细化的具体内容选择活动。 3. 按照"近、亲、实"的原则选择活动。 4. 采取多种形式呈现。 5. 设置拓展性、开放性的，能给以学生思考空间的问题，引导学生体验和感悟。 6. 估计优秀生和后进生，注重让每一个学生在活动中都能有所收获，得到成长。 7. 互动性强，师生互动、生生互动，学生参与面广。	40	
效果	1. 活动目标明确，有明确的导向和时代性。 2. 活动形式新颖、独特、多样，让学生充分展示自我。 3. 促进学生身心健康发展，学生情感态度价值观得到转变。 4. 学生有认识、有感悟、自我教育能力得到增强。	30	
合计得分		100	

三、开启"童思数学之旅"，丰富数学生活

数学在生活中无处不在，培养学生用发现的眼睛找出生活中的数学问题，并学会解决问题。我们带领学生走出教室，走进生活，把所学知识运用到生活中去，提升数学应用能力。

（一）"童思数学之旅"的实践与操作

"童思数学之旅"是源于生活实践，又高于生活实践，并反过来作用于生活实践的一种研学之旅。它是机动多变的，参与的人员广泛，有教师、学生、家长还有部分社会人群。"童思数学"不仅仅培养学生学习能力，更重要的是培养生活能力，为此学校设计了"童思数学之旅"课程（表3-6）。

表3-6 "童思数学之旅"课程

实施年级	微型课程	学习目标	课程资源	活动设计
一上	小小建筑师	1. 通过教学活动，加深对长方体、正方体、圆柱体和球的认识。	长方体、正方体、圆柱、球的模型。	认识四种物体的特征，体会平面与曲面的区别。

续 表

实施年级	微型课程	学习目标	课程资源	活动设计
		2. 让学生在活动中,体会平面和曲面的特点,培养学生的空间观念和判断能力。 3. 通过合作方式学习,让学生乐于倾听、善于表达,培养初步的团队意识和合作意识。		
一下	小小商店	1. 通过让学生收集各种商品的价格,培养细心观察、收集信息的能力。 2. 通过亲身参与购物活动,学会简单的计算,培养学生沟通交往的能力。	准备的物品,标上不同的价钱,学具钱币。	认识钱币,掌握元,角,分间的换算。
二上	有趣的七巧板	了解七巧板的定义,结构及相关历史,感受七巧板的奥秘。	七巧板。	1. 介绍七巧板。 2. 动手制作七巧板。 3. 创造七巧板图案。 4. 七巧板作品展示。
二下	小小整理师	通过整理衣物、房间等活动,培养学生分类思想,提高动手能力,培养劳动意识。	家庭常用衣物等。	介绍自己的分类依据。 进行分类整理比赛。 比比谁的分类标准多。
三上	扑克大师	提高计算能力,提高学习数学的兴趣。	扑克牌(除去J/Q/K/大 小王)。	1. 介绍加减乘法扑克玩法。 2. 小组玩转扑克牌。 3. 玩转扑克挑战赛。
三下	数字魔法	进一步培养推理能力,感受数学的无穷魅力。	关于数独的发展历史、数独智力运动会资料、稍复杂的数独游戏题。	1. 了解数独游戏的发展历史。 2. 玩数独游戏。 3. 数独挑战赛。
四上	神秘音乐馆	通过杯琴的制作过程,知道水杯发音不同与容量多少的联系;能够利用杯琴演奏简单的乐曲,体验音乐的神奇和成功的愉悦。	家庭用的玻璃杯、清水、筷子。	介绍杯琴的制作原理。 引导学生制作杯琴。 利用杯琴演奏简单美妙的乐曲。

实施年级	微型课程	学习目标	课程资源	活动设计
四下	方格中的数学	激发学生主动学习的兴趣和热情，引导学生在质疑、调查、探究和实践中学习，指导学生逐步掌握思考问题、解决问题的方法和技巧。	题库。	数独规则、名词介绍针对性练习与解题技巧。
五上	家庭会计师	1. 会分析和管理家庭收支情况。 2. 能对收支情况进行合理分析，并能做出正确调整。	家用收支情况账单。	1. 收集家庭一月内收支数据。 2. 整理数据并简单分析对下月财务进行简单分配。
五下	美丽的圆	1. 通过画、剪、做等活动进一步了解圆的特征。 2. 体会圆在生活中的美。	圆规、尺子、卡纸、水彩笔。	1. 画、剪、做有关圆的作品。 2. 展示作品。
六上	网络高手	通过统计，了解互联网在全班同学家庭中的普及情况，掌握数据的收集与整理、调查等实践方法，养成充分利用网络资源，合理安排上网时间的好习惯。	调查全班上网的人数并算出普及率，了解全班同学利用互联网做些什么等。	1. 阅读与讨论。 2. 统计与分析。 3. 回顾与反思。
六下	旅行家	通过让学生设计旅游线路，计算旅游价格，培养规划设计、计算及运用所学知识解决相关问题的能力。	设计"北京一日游"线路及价格。	1. 创设情境。 2. 费用预算。 3. 尝试实践。 4. 回顾反思。

（二）"童思数学之旅"的评价标准

"童思数学之旅"的评价注重正面评价，评价形式多样，评价内容多元。如评价形式有教师评、学生自评、学生互评、小组评、家长评等，评价内容不仅关注结果，更加关注过程以及在活动中的积极体验等；小组之间开展经验交流与成果展示等，激发学生对数学的学习热情。用不同的方面，设计了"童思数学之旅"评价标准（表3-7）。

表 3-7 "童思数学之旅"课程评价标准

内容	具体指标	分值	备注
课程开发的意义	1. 课程是在国家课程基础上的补充,对基础知识和基本技能的进一步拓展。 2. 课程促进学生的个性发展,提高学生的各方面素质。	10	
教学目标	1. 目标明确清晰。 2. 知识、能力和情感目标齐全。 3. 考虑到学生分层的因素,贯彻因材施教的原则。	15	
课程内容	1. 课程内容框架清晰,有序列性。 2. 课程内容科学、启发性强、突出实践能力的培养。	10	
教学过程	1. 能安排好课堂教学进度。 2. 课前进行充分预设,制定出切实可行的教学方案。 3. 教学方法灵活多样,重难点突出,教学效果好。 4. 教学语言简洁明了、生动形象,教学条理清晰,逻辑性强。 5. 课堂中能兼顾所有学生,善于调动学生积极性主动性,教学过程精彩。 6. 运用现代信息技术手段辅助教学,运用熟练,学生较好的参与。 7. 板书设计合理、简洁、规范、美观。	50	
实施成果	1. 学生在活动中积极主动,能思考各种切实可行的解决方案。 2. 能及时收集、整理学生学习的过程性资料。 3. 指导的学生能举行一定范围的展示活动。	15	
综合评价			

四、设计"童思数学探究",发现数学综合探究能力

童思数学探究活动,让学生经历数学知识的形成过程,获得一些数学活动的基本经验,感受到数学的有趣与有用,了解数学在日常生活中的作用,体会数学的学习价值。

(一)"童思数学探究"的实践与操作

1. 以研究每册数学书中的实践活动内容为突破口。我们根据教材设置的单独的实践活动内容开设专门的课时进行教学,有《小小设计师》《精美的年历》《掷一掷》《一亿有多大》《我的时间,我做主》《营养午餐》《打电话》

《量一量》《找规律》等。

2. 新授课中处理数学实践活动。新课教学中注重实验教学，注重让学生动手操作，进一步感知，获得一定的活动经验。如教学"图形的周长"，可以让学生用线围一围、剪一剪初步感知周长；再让学生描一描、指一指；最后组织学生分组探讨各种图形周长的计算方法。

3. 习题教学中解决实践活动相关问题。练习课中也要注重学生解决实践活动问题，让学生自己提出解决方案，动手操作，能大大提高学生学习兴趣，避免因练习课枯燥无味而使学生丧失学习兴趣。可以让学生在摸一摸、量一量、画一画、拼一拼、圈一圈等活动让学生充分参与教学活动，进一步提高教学效果。

4. 结合学校实际，举行各种特色的数学实践活动。如学校有一个标准的足球场，学校就利用学校足球场研究《确定起跑线》。通过让学生去实地测量球场的各种数据、整理数据，最后总结出科学的计算方法。还有如利用学校资源，开展专题实践活动。

（二）"童思数学探究"评价标准

为更好地上好"童思数学探究"活动课，我们根据教学内容从自主性、开放性、实践性、过程性、创造性等方面研究出以下评价标准（表3-8）。

表3-8 "童思数学探究"评价标准

要素	教师活动方面	学生活动方面
自主性	1. 将学生的自主发展作为根本目标。 2. 重视培养学生的活动策略。 3. 教师指导没有越俎代庖。	1. 学生积极参与，兴趣浓厚。 2. 对教师的依赖少，不怕困难。 3. 较好地完成任务。
开放性	1. 实践活动时间充分，多种活动形式结合。 2. 活动空间广阔，有效开发学校、社会、家庭的教学资源。 3. 实践活动能让各种层次的学生都得到发展。 4. 学生选择机会多。	1. 学生之间交流充分，信息交流充分。 2. 学生之间合作协调，互相尊重。 3. 学生根据自己的特点选择调整内容。 4. 学生的计算方法、结果表达方式多样化。

续 表

要素	教师活动方面	学生活动方面
实践性	1. 重视学生实践能力的发展。 2. 活动内容可操作性强，符合学生的年龄特点和生活实际。 3. 指导得法，向学生提供了范例。 4. 让学生充分参与，合作交流解决问题。	1. 学生会研究，方法得当。 2. 学生参与活动多。 3. 使用计算、测量、作图等工具能力得到提高。 4. 会使用图形、图表、数字、符号等记录收集到的信息和表达结果。
过程性	1. 计划完整、周密。 2. 过程设计科学完整。 3. 教师点拨、指导、调控的方法得当，效果好。	1. 学生通过交流讨论获得解决问题的方法。 2. 大体经历了"问题情境——建立模型——解释、应用与拓展"的过程 3. 有成功的体验经历。
创造性	1. 活动内容设计新颖、富有时代气息和教育意义。 2. 注意培养学生的创造思维。 3. 活动的氛围自由、活跃。 4. 教师能准确把握过程中出现的富有创造性教育的时机。	1. 学生勇于探索。 2. 善于寻找最好的途径和方法解决问题。 3. 好奇、好胜，不受限于教师和书本。 4. 结果合理、有创意。

总之，"童思数学"课程，正是从儿童的角度，鼓励学生进行创造性的思维，让学生的思维真正地动起来。

（撰稿者：周香莲 王化之 张艳 李必武 李加秀）

第四章

基于课程内容的决策

基于课程内容的决策实现了在借鉴现代科学技术文化成果的基础上，选取具有代表性、典型性和与基础知识紧密相关的内容作为课程内容。用现代观念形成基础知识的组织结构和呈现方式，实现可视化、高效及时的数学课堂教学。教学内容不再拘泥于给儿童一条鱼，而是致力于给儿童一套捕鱼工具和捕鱼技巧；不再局限于给儿童一碗水，而是致力于帮助儿童凿一口井、引一眼泉、开一条河。

课程内容的决策是一个复杂而动态的过程，既要关注学科数学的知识体系，又要考虑适合儿童的年龄特点和认知规律，还要考虑适应儿童未来社会生活和进一步发展的需要，进而从众多科学数学内容中精选出适合小学阶段学习的课程内容。小学数学课程内容的决策包括：确定课程内容标准、选择和编排教材、在教学过程中教师对教学内容的取舍与组织。一般情况下，基于数学课程内容的决策依据如下：

首先，数学课程内容的决策必须依据数学课程标准。数学课程标准是课前教材编撰、课中教学及课后评价的首要依据，为国家教育管理部门提供抓手，为地方教育工作者指明方向并提出教学和评价建议。也就是说小学数学课程内容的选择，首先应该依据数学课程标准中所规定的数学课程性质、目标和内容框架等进行确定。

其次，数学课程内容的决策必须符合儿童认知规律。儿童在不同年段的心理发展水平和特点千差万别。小学阶段的儿童，思维发展水平不高，特别是抽象思维还处在初步发展阶段，而数学又是逻辑性和抽象性较强的学科，因此小学数学课程内容选择的难度、广度和深度，应考虑儿童的认知规律和接受能力，既要适应儿童的思维特点，又要考虑数学学科的特点，选择的内容必须是儿童智力范围内所能理解和掌握的。不仅要保证所选择的内容儿童能够接受，又要使课程内容有一定的难度，让儿童"跳一跳摘果子"，为创造儿童心理的"最近发展区"提供条件，促进儿童心理的健康发展。这就意味着，课程内容的决策上，小学数学需要统筹考虑课程内容的接受度、儿童智力水平线及其可发展性，并将二者有机结合。然而现实情况是，部分教材的部分内容低估了儿童的理解力，但课后检验和评价却要因为过分强调区分度而高估了儿童的理解力，通俗一点说就是学的浅考的深。最后的结果是，对于如何适当地理解，儿童陷入了迷茫和无助。

再次，数学课程内容的决策必须符合儿童生活实际。小学数学课程内容的选择，反映的价值取向要包含"回归儿童的生活"，数学的学习也要强调是儿童自己参与的实践，儿童在实践活动中感知数学、理解数学、掌握原理并能熟练应用数学。要让儿童感受到数学与他们的生活密不可分，数学散落在生活的每个角落，让儿童在无意识中感受数学的存在、数学的意义、数学的价值及数学的魅力。例如，在概率的学习过程中，将2个绿色海洋球和5个白色海洋球放在一个纸箱里,这样儿童就可以预测哪个颜色的海洋球更容易被摸出。在统计的学习中,建议灵活选取统计对象,不限于衣食住行各个方面,甚至可以是生活中新鲜事物、娱乐八卦新闻等等。这样的课程内容,既便于教师组织教学,又利于儿童进行操作、体验与理解、思考与探索。

最后,数学课程内容的决策必须反映社会发展需要。人是社会中的人,随着社会的高速发展,必然要求人才能力的不断提高。从某种层面上说,人的不断进步是社会强制执行的结果。因此,小学数学课程内容在保证其相对稳定性的同时,也应依据现代社会的需要和科学技术的发展,不断更新和调整一些反映社会发展需要的内容。现在的儿童是 21 世纪国家的建设者和接班人,我们应该依据未来社会对人才的需要标准,考虑数学课程内容的更新与变革。

然而,在实际教学中,课程内容中重视选择基础知识是大多数学校的一贯做法。在社会发展的不同的时期,对课程设计和内容有着不一样的需求。像我们现在所处的信息时代,在信息收集、分析、处理、运用能力方面,社会提出了更高的要求,在这种社会需求的驱使下,课程内容也必然要随之发生相应的改变。再如,计算机的普及,影响了数学课程内容的选择,从过于强调算术、代数技能到开始关注数学思想、方法和应用。合肥市绿怡小学紧跟时代发展的浪潮,开发了一整套"益智数学"课程内容。数学课堂彻底打破了一支粉笔一张嘴、一块黑板一张图的传统模式,也不再是 PPT 的主战场,网络的畅通、希沃电子白板的宣战、希沃授课助手的加盟、班级优化大师的坚守,使他们的数学课堂变得更鲜活灵动、形象直观、广阔多元。

合肥市绿怡小学在对基础知识的选择上精益求精,精选出真正适合儿童、适合学科、适合社会需求的基础知识。在借鉴现代科学技术文化成果的基础上,选取具有代表性、典型性和与基础知识紧密相关的内容作为课程内容。用现代观念形成基础知识的组织结构和呈现方式,如比较抽象的立体图像或数学实验都可以通过数字化平台,实现可视化、高效即时的数学课堂教学。

(撰稿者: 赵燕)

益智数学：让智慧在数学中飞扬

合肥市绿怡小学数学组共 22 人，师资结构合理、业务精湛、理念先进，拥有合肥市骨干教师 3 人，蜀山区学科带头人 1 人、专业技术拔尖人才 1 人、骨干教师 3 人，高级教师 2 人。近年来，绿怡小学的数学老师在参加各级各类比赛中，获国家级奖项 15 人次，省级奖项 24 人次，市级奖项 41 人次，取得这些成绩充分体现了绿怡小学数学团队强大的实力。学校依据教育部《关于深化课程改革，落实立德树人根本任务的意见》、《义务教育数学课程标准（2011 年版）》等文件精神，推进学校数学学科课程建设。

第一节

共创探索合作的平台

一、学科性质观和价值观

《义务教育数学课程标准（2011年版）》指出："数学是研究数量关系和空间形式的科学。""数学课程是培养公民素质的基础课程，具有基础性、普及性和发展性，义务教育的数学课程能为学生未来生活、工作和学习奠定重要的基础"。[①]

学校根据《义务教育数学课程标准（2011年版）》，把数学学科价值定义为"益智数学"，通过"益智数学"课程，让学生掌握基本知识、基本技能、基本思想、基本活动经验；同时发展学生的抽象、转化、推理能力和空间想象能力；提升学生的创新能力和实践能力；并促进学生建立正确的价值观等。

二、学科课程理念

学校的"益智数学"课程理念就是希望儿童在数学学习的过程中变得更聪明、更有见识、更具智慧。

1. "益智数学"是丰富多彩的。我们的数学课堂要打破一支粉笔、一块黑板走天下的传统讲授模式，课堂也不是多种信息化技术比秀的大阵营，让课堂不是PPT的主战场、单纯网络的链接、希沃电子白板的宣战、希沃授课

---

① 中华人民共和国教育部. 义务教育数学课程标准（2011年版）[S]. 北京：北京师范大学出版社，2012：2.

助手的加盟、班级优化大师的坚守。我们的课堂是以人为本，以学生为主，积极倡导学生主体地位的自然回归，我们的"益智数学"是丰富多彩的。我们追求的是多元灵动、直观有趣、广阔多元、共享互动的信息化大环境下的高效课堂。

2. "益智数学"是探索实践的。数学课堂上，充分体现了学生的主动探索性。在这里，学生通过独立思考、小组讨论、合作互助、实际观察、动手操作等有目标的数学活动，从而激发学生数学思维的碰撞，促进学生思维推理逻辑能力的大大提升，老师只是起到引导的作用，学生通过步步推理、探索实践，自然地找到解决问题的方法和途径，从而获取学习数学的乐趣。

3. "益智数学"是学生主体的。数学课堂上，老师不再是主宰者、操控者，而是一个精心的组织者、耐心地引导者、热心的合作者，学生不再是被动的接受者，而是主动地探索者、积极的合作者、热情的参与者。学生有最大限度的自主性，只要是有益于学习的建议就能被采纳，只要是有益于健康的做法就能被允许，只要有益于进步的点子就能被接收。

4. "益智数学"是合作互助的。数学课堂上，学生们不再把手放在背后，同桌互助、小组间的合作学习已经成为常态。你帮我计时、我帮你计数、你帮我测步长、我帮你量身高是最简单的合作；相互对口诀、你出题我计算、你摆图形我填表、你掷骰子我记录是最常见的合作；独立操作后同桌讨论、小组合作后相互讨论、小组讨论后班级汇报是最常态的合作。有价值的数学提问、缜密的数学思考、数学问题的有效解决，均来源并受益于儿童。

5. "益智数学"是思辨开明的。学而不思则罔，真理愈辩愈明。学校的数学课堂绝对不是老师的"一言堂"，也不再是老师的独家之言。课堂上，只要有想法就可以大胆表达，只要你有道理就可以得到肯定。算法多样化、一题多解是思辨的开启，辨析异同、探索规律是思辨的论证，总结方法、得出结论是思辨的结果，应用方法、结论和解决实际问题是思辨的延伸。

6. "益智数学"是拓展延伸的。学校的课堂不唯课本尊，课本只是课堂教学一个"地基"，利用这个地基，在老师的设计下，学生可以充分发挥其聪明才智，变一层为数层，可以将一层变为多个房间，并进行相应的装修改造。我们的课堂不再满足于课本的"浅尝辄止"和"蜻蜓点水"，我们会利用课本提供的信息、资料、知识点，在学生可以接受的范围内展开最大限度的拓展。

7. "益智数学"是充满想象力的。课堂上不仅仅局限于文字和图画。数字和算式的单一，我们以课本提供的信息为基础，利用先进的现代化教学设备和发达的信息技术，让他们在"嫦娥"五号的升空中感叹科技的神奇、想象太空的浩瀚、感受科技的进步为我们带来的荣耀和自豪；在分数小数的演变中感受数学知识的来之不易，在图形的切割旋转、翻转平移、拼接转化中感受数学的神奇。我们利用一切的信息和机会为学生插上思维的翅膀，让他们在获取知识的同时，数学思维能力及想象能力得到充分的发展。

8. "益智数学"是启迪智慧的。"教是为了不教"，我们的数学教学不再满足于给学生一个结论，而是致力于让学生自主探索这个结论的由来；不再追逐卷面上的分数，而是致力于让学生自己领悟获取知识的方法、态度和技巧。总之，我们的教学不再拘泥于给学生一条鱼，而是致力于给学生一套捕鱼工具和捕鱼技巧；不再局限于给学生一碗水，而是帮助学生挖一口井、引一口泉、开一条河。我们的"益智数学"是充满智慧的、有数学实用价值的。

简而言之，"益智数学"是数学，但不仅仅是数学。益智数学的宗旨是让学生在理解数学知识的同时掌握数学方法，形成数学技能，领悟数学思想，让学生的聪明才智在探索学习中飞扬闪耀。

第二节

培养应用创新的能力

一、学科课程总体目标

《义务教育数学课程标准（2011年版）》提出了数学课程的总体目标。就是要做到"四个基本"，提高能力，树立科学态度。为了实现这一总体目标，重点培养学生的"数感、符号感、空间感、几何感、数据分析感、操作能力、推理能力、模型思维、应用感和创新感"，学校提出了以下"益智数学"课程总目标（表4-1）。

表4-1 数学课程总目标

目标	具体内容
知识技能目标	经历数与代数的抽象、运算与建模等过程，掌握"数与代数"的基础知识和基本技能。认识万以上的数；理解万以内的数、分数、小数、百分数的意义，了解负数的意义；掌握必要的运算技能，能正确运算；理解估算的意义；能用方程表示简单的数量关系，能理解简单的方程。 经历了抽象、分类、自然讨论、运动、定位的过程，掌握了"图形与几何"的基本知识和技能。认识空间和平面基本图形，了解其基本特征；感受平移、旋转、轴对称现象；认识物体的相对位置，了解确定物体位置的基本方法；掌握测量、识图和画图的基本方法。 经历在实际问题中收集和处理数据、利用数据分析问题、获取信息的过程，掌握"统计与概率"的基础知识和基本技能。掌握简单的抽样、整理调查数据、绘制统计图表等数据处理方法和技能；体验随机事件和事件发生的等可能性。
问题解决目标	初步学会从数学的角度发现问题和提出问题，综合运用数学知识、技能和方法等解决简单的实际问题，增强应用意识，提高实践能力；获得分析问题和

续 表

目标	具体内容
	解决问题的一些基本方法，体验解决问题方法的多样性，发展创新意识；学会运用数学的基本思想和思维方式独立思考；学会与他人合作交流；初步形成评价与反思的意识。
数学思考目标	数学基本思想主要指：数学的抽象思想、推理思想、建模思想。思维方法的具体目标是：确立数感、符号意识和空间概念，形成几何直观和计算能力，培养形象思维和抽象思维；在参与观察、实验、猜想、证明、综合实践等数学活动中，发展合情推理和演绎推理能力，清晰地表达自己的想法；体会统计方法的意义，发展数据分析观念，感受随机现象。
情感态度目标	积极参与数学活动，对数学有好奇心和求知欲；在数学学习过程中，体验获得成功的乐趣，锻炼克服困难的意志，建立自信心；体会数学的特点，了解数学的价值；养成认真勤奋、独立思考、合作交流、反思质疑等学习习惯，形成实事求是的科学态度。

总之，合肥市绿怡小学将秉承"益智数学"的理念，围绕以上四个课程目标，发展学生的学科核心素养，培养具有应用意识和创新能力的儿童。

二、学科课程年级目标

在"益智数学"课程总目标的基础上，根据学校实际和各年级学生特点，确定学校各年级的数学课程目标。现以四年级为例（表4-2）。

表4-2 "益智数学"课程四年级目标表

上学期课程目标	下学期课程目标
第一单元：升和毫升 1. 使学生在具体的观察、操作活动中，认识容量以及容量单位升和毫升，初步形成1升和1毫升的容量观念，知道升和毫升之间的进率，能进行简单的单位换算。 2. 使学生初步了解测量容量的方法，能根据需要选择合适的容量单位进行测量和估计，培养动手操作的能力和初步的估算意识。 3. 使学生联系实际感受升和毫升在日常生活中的广泛应用，能积极参与操作、实	第一单元：平移、旋转和轴对称 1. 使学生通过观察、操作等活动，认识图形的平移和旋转，能在方格纸上按水平或垂直方向将简单图形平移，会在方格纸上将简单图形旋转90°；进一步认识轴对称图形及其对称轴，能画出轴对称图形的对称轴，能在方格纸上补全一个简单的轴对称图形。 2. 使学生经历从平移、旋转和轴对称的角度欣赏和设计图案的过程，积累一些图形变换的经验，初步感受图形运动的结构美，体验平移、旋转和轴对称的应用价值，发展初步的推理能力和空间观念。

上学期课程目标	下学期课程目标
验等学习活动，能主动与他人交流并获得积极的情感体验。 第二单元： 两三位数除以两位数 1. 使学生联系具体的实例，理解并掌握除数是整十数、商是一位数（表内除法的扩展）的口算方法，能正确口算；理解两、三位数除以两位数笔算的算理，掌握相应的计算法则，能正确地进行笔算和估算；理解并掌握商不变的规律，能用简便方法计算被除数和除数末尾都有0的除法；理解连除实际问题的数量关系，能正确地进行解答。 2. 使学生经历探索两、三位数除以两位数的计算方法、商不变的规律，以及用连除计算解决实际问题的过程，培养运算能力和推理能力，增强应用意识，提高发现和提出问题、分析和解决问题的能力。 3. 使学生在自主探索、合作交流的学习活动中，体验数学学习的探索性，获得成功的体验，逐步形成学习数学的积极情感，树立学好数学的自信心，提高主动学习和独立思考的积极性。 第三单元： 观察物体 1. 使学生通过观察、操作、比较，认识物体的前面、右面和上面；会从前面、右面和上面观察由几个同样大的正方体摆成的组合体，能根据观察到的形状正确选择相应的视图，或根据指定的视图正确摆出相应的组合体，体会物体与视图之间的联系。 2. 使学生经历观察物体的全过程，能联系实物或看到的形状进行直观思考，丰富对现实空间的认识，体会数学思考的价值，发展初步的形象思维能力与空间观念，提高推理能力和解决实际问题的能力。 3. 使学生在参与观察物体活动的过程中，感受几何空间和日常生活的联系，能克	3. 使学生在认识平移、旋转和轴对称的过程中，感受与他人合作的乐趣，获得学习成功的体验，增加对图形变换的兴趣。 第二单元： 认识多位数 1. 使学生结合现实的问题情境，了解十进制计数法，认识万级和亿级的计数单位，掌握千亿以内的数位顺序表；理解并掌握含有万级和亿级的数的组成，能正确地读、写多位数；会用算盘表示多位数；会比较多位数的大小，会把整万或整亿的数改写成用"万"或"亿"作单位的数；理解近似数的含义，会用"四舍五入"法求一个数的近似数。 2. 使学生经历从现实情境中抽象出数的过程，感受大数目的实际大小，能用大数目描述生活中一些事物的具体数量，获得良好的数感；能有根有据、有条有理地思考和表达，发展思维能力和解决问题的能力。 3. 使学生在认识多位数的过程中，感受大数目在日常生活中的广泛应用，培养独立思考和合作交流的习惯；增强克服困难的勇气，树立学好数学的信心。 第三单元： 三位数乘两位数 1. 使学生经历探索三位数乘两位数笔算方法的过程，掌握三位数乘两位数的笔算方法，能正确地进行笔算；理解和掌握积的变化规律，并能应用积的变化规律口算几百乘几十，能用简便方法笔算乘数末尾有0的乘法。 2. 使学生经历从现实问题中抽象出数量关系的过程，掌握"总价＝单价×数量""路程＝速度×时间"等常见的数量关系，能应用这些数量关系解决一些实际题。 3. 使学生在思考、交流计算方法和探索数学规律的过程中，进一步发展初步的演绎推理和合情推理能力；进一步积累解决问题的经验，培养发现和提出问题的能力、分析和解决问题的能力，增强应用意识。使学生经历独立思考与合作交流的过程，逐步养成独立思考的习惯，并乐于与他人分享自己的学习成果。获得一些学习成功的体验，增强对数

续 表

上学期课程目标	下学期课程目标
服学习活动中遇到的困难，获得成功的体验，培养观察物体的兴趣，逐步形成对数学学习活动的积极情感和态度。 第四单元：统计表和条形统计图（一） 1. 使学生经历收集、整理、描述和分析数据的过程，认识简单的统计表和条形统计图，了解它们的结构和特点；会分段整理数据，能用统计表和条形统计图描述数据，能结合统计表、条形统计图对简单数据进行分析和解释。 2. 使学生经历从现实情境出发，探索并发现数学知识的过程，初步理解平均数的意义，会求简单数据的平均数（结果是整数），能应用平均数解释一些简单的生活现象，解决一些简单的实际问题。 3. 使学生在参与统计活动的过程中，初步感受运用统计方法解决问题的过程，体会统计在日常生活中的广泛应用，学会有条理地思考和表达，提高分析问题和解决问题的能力，发展数据分析观念。 4. 使学生在运用统计知识和方法解决问题的过程中，感受统计活动的实际价值，体验用统计知识解决实际问题的乐趣，获得学习成功的体验，树立学好数学的自信心。 第五单元：解决问题的策略 1. 使学生经历解决问题的过程，理解有关实际问题的数量关系，初步了解列表整理条件和问题的策略，体验从条件和问题出发分析数量关系探寻解题思路策略，能根据需要合理确定解题思路，归纳和总结解决问题的一般步骤，能按一般步骤正确解决相关的实际问题。 2. 使学生经历列表整理条件和问题，从条件和问题出发分析数量关系探寻解题思路，按解决问题的一般步骤实施解题活动的过程，进一步丰富解决问题的经验，逐步学会有条理的思考，有理有据的表达，培养初步的数学思维能力，以	学学习的积极情感。 第四单元：用计算器计算 1. 使学生初步认识计算器，了解计算器的基本功能，会使用计算器进行大数目的计算，能借助计算器探索并发现一些简单的数学规律。 2. 使学生经历运用计算器探索规律，应用所学知识解决问题的过程，感受基本的数学思想方法，培养初步的探索意识和实践能力。 3. 使学生在使用计算器解决问题的过程中，体验用计算器计算的优点，感受计算器的学习价值，培养对数学学习的兴趣。 第五单元：解决问题的策略 1. 使学生在解决问题的过程中，学会画图描述问题，能借助直观图示分析数量关系，正确解答有关的实际问题。 2. 使学生经历解决问题的过程，进一步积累解决问题的经验，感受画图描述和分析问题的价值，培养几何直观，提高分析和解决问题的能力。 3. 使学生进一步积累解决问题的经验，增强解决问题的策略意识，获得解决问题的成功体验，树立学好数学的信心。 第六单元：运算律 1. 使学生经历探索加法和乘法运算律的过程，理解并掌握加法和乘法的交换律、结合律，以及乘法分配律，能应用这些运算律进行一些简便运算，解决一些实际问题。 2. 使学生在探索、发现加法和乘法运算律的过程中，培养比较和分析、抽象和概括、归纳和类比等能力，感受数的运算与日常生活的联系，提高解决问题的能力，发展应用意识和符号意识。 3. 使学生在参与数学活动的过程中，初步形成独立思考的意识和习惯，获得学习成功的体验，感受数学规律的确定性和普遍适用性，体会数学学习的价值，增强对数学学习的兴趣和信心。 第七单元：三角形、平行四边形和梯形

上学期课程目标	下学期课程目标
及分析问题和解决问题的能力，增强应用意识。 3. 使学生在参与数学活动的过程中，进一步感受数学知识和方法的应用价值，养成自觉检验、自我反思的习惯和意识，获得解决问题的成功体验，逐步养成独立思考、乐于和他人合作等良好习惯，提高学好数学的自信心。 第六单元： 可能性 1. 使学生通过摸球、摸牌、抛正方体等游戏活动，初步了解事件发生的确定性和不确定性，感受简单随机现象；能列举出简单随机现象中所有可能发生的结果。 2. 使学生在具体的情境中，通过实例感受随机现象发生结果的可能性是有大有小的，能对一些简单的随机现象发生的可能性大小做出定性描述，并能进行交流。 3. 使学生在参与游戏、操作等活动过程中，体会可能性的学习与应用价值，初步形成随机意识和数据分析观念；感受游戏、操作等活动的乐趣，获得学习成功的体验，增强对数学学习的兴趣。 第七单元： 整数四则混合运算 1. 使学生认识中括号，理解并掌握三步混合运算的运算顺序，能正确进行三步混合运算式题的计算；进一步体会分析稍复杂的实际问题数量关系的过程，能列综合算式解决有关三步计算的实际问题。 2. 使学生在认识和理解混合运算顺序，解决三步计算的实际问题的过程中，进一步积累解决问题的经验，发展数学思考，增强应用意识。 3. 使学生在运用所学知识解决实际问题的过程中，体会数学与生活的联系，感受数学的应用价值，培养认真、严谨的学习习惯，激发对数学学习的兴趣。 第八单元： 垂线与平行线	1. 使学生联系生活实例，认识并掌握三角形、平行四边形、梯形的基本特征，认识三角形、平行四边形、梯形的底和高，能正确地测量和画出三角形的高（高在三角形内），以及平行四边形、梯形的高。 2. 使学生在动手操作的过程中，了解三角形的三边关系，知道三角形的内角和为180°；认识直角三角形、锐角三角形和钝角三角形，认识等腰三角形和等边三角形，能判断一个三角形是什么三角形；认识等腰梯形；能运用所学知识解释一些生活现象，解决一些简单的实际问题。 3. 使学生经历探索三角形、平行四边形和梯形基本特征的过程，培养初步的观察、操作、分析、概括、推理等能力，积累认识图形的经验，发展空间观念。 4. 使学生在积极参与数学活动的过程中，初步感受数学问题的探索性和数学结论的确定性，体验与同学合作交流的乐趣，增强学习数学的兴趣，树立学好数学的自信心。 第八单元： 确定位置 1. 使学生联系具体的情境认识列和行的含义，知道确定第几列、第几行的规则；初步理解数对的含义，会用数对表示平面上点的位置（限正整数）。 2. 使学生经历用数对描述实际情境中物体的位置到用数对描述方格图上点的位置的过程，逐步掌握用数对确定位置的方法，丰富对现实空间和平面图形的认识，发展空间观念，初步感悟数形结合的数学思想方法。 3. 使学生积极参与学习活动，获得成功的体验，感受数对与现实生活的联系，拓宽知识视野，激发学习兴趣。 第九单元： 整理与复习 1. 使学生进一步掌握万级数、亿级数的计数单位和数位顺序，理解多位数的组成，掌握多位数的读写与大小比较，了解十进制计数法的特点；能用"万"或"亿"作单位表示整

续 表

上学期课程目标	下学期课程目标
1. 使学生通过观察、操作与交流，认识射线、直线，了解线段、射线、直线之间的联系与区别，认识两点间的距离，知道两点间所有连线中线段最短；进一步认识角的特征，会用量角器量角，会画指定度数的角，了解角的分类方法，掌握锐角、直角、钝角的特征，知道平角和周角，了解各类角之间的大小关系；认识垂线和平行线，会用直尺、三角尺等工具画垂线和平行线；知道点到直线的距离，会确定和测量点到直线的距离。 2. 使学生经历由具体实例抽象出有关的平面图形，探索射线、直线、角的特征，探索平面内两条直线之间位置关系的过程，进一步积累图形与几何的学习经验，感悟一些基本的数学思想方法，培养借助直观进行简单推理的能力，发展空间观念和几何直观。 3. 使学生积极参与学习活动，培养学生认真观察、积极思考、规范操作的良好习惯；感受图形与现实世界的密切联系，产生对数学的亲切感，激发对数学学习的兴趣，树立学好数学的信心。 第九单元： 整理与复习 1. 使学生进一步掌握除数是整十数、商是一位数的口算和两、三位数除以两位数的笔算方法，能正确地进行口算和笔算；理解和掌握商不变的规律，能用简便方法计算被除数和除数末尾都有0的除法；掌握混合运算的运算顺序（不超过三步），能正确合理地进行计算，形成必要的计算技能，提高运算能力。 2. 使学生进一步巩固升和毫升的认识，能正确进行简单的单位换算；掌握从前面、右面和上面观察物体的方法，理解观察位置和视图之间的相对关系；理解和掌握直线、射线、角、垂线和平行线的特征；掌握锐角、直角、钝角、平角、	万或整亿的数，会用"四舍五入"的方法求一个数的近似数，建立有关整数的认识结构，获得良好的数感。 2. 使学生进一步理解和掌握有关整十数和整百数乘法的口算方法，掌握三位数乘两位数的笔算方法，理解积的变化规律，能用简便方法计算乘数末尾有0的乘法；进一步掌握用计算器计算的方法，能借助计算器探索并发现一些简单的规律；进一步掌握加法和乘法的运算律，能合理、灵活地运用所学的运算规律进行一些简便计算，增强口算能力和符号意识。 3. 使学生进一步理解和掌握一些常见的数量关系，能应用画图的策略整理条件和问题，体验分析数量关系的一般过程，能综合运用学过的知识和方法解决一些实际问题，培养分析和解决问题的能力，增强应用意识。 4. 使学生进一步认识三角形、平行四边形和梯形的特征，掌握三角形的三边关系、三角形内角和，以及三角形的分类等有关知识，加深对等腰三角形、等边三角形、等腰梯形的认识，培养初步的推理能力，增强空间观念。 5. 使学生进一步认识平移、旋转和轴对称图形的特征，知道轴对称图形的轴对称有时不止一条，能在方格纸上把简单图形进行平移、旋转，或把一个轴对称图形补全，培养初步的想象能力。 6. 使学生进一步掌握用数对确定位置的方法，能用数对表示平面上点的位置，初步感悟数形结合的数学思想方法。 7. 使学生经历整理本学期所学知识、反思学习过程、评价学习表现的过程，进一步沟通知识间的内在联系，形成合理的认知结构，感受所学知识的实际应用价值，培养反思与评价的意识，激发主动学习的愿望，树立学好数学的信心。

续 表

上学期课程目标	下学期课程目标
周角之间的大小关系，会用量角器量角和画角；知道两点间的距离、点到直线的距离，会过直线上或直线外一点画已知直线的垂线，会画已知直线的平行线，形成必要的操作技能；培养借助直观进行简单推理的能力，发展空间观念。 3. 使学生经历收集、整理、描述、分析数据的过程，进一步掌握分段整理数据的方法，能用统计表或条形统计图表示数据；理解平均数的意义，能正确计算一组数据的平均数，能应用平均数对数据进行简单分析、比较或解释；感受数据分析的一般过程，发展数据分析观念。 4. 使学生结合具体的实例，进一步感受简单的随机现象，能正确列举出简单随机事件中所有可能的结果，能正确判断简单随机事件发生的可能性的大小。 5. 使学生经历用学过的运算解决连除、两积之和（差）、归一（总）等实际问题的过程，进一步体会列表整理条件和问题、从条件和问题出发分析数量关系的策略，巩固解决问题的一般步骤，提高运用所学知识解决实际问题的能力。 6. 使学生经历回顾并整理本学期所学知识、反思学习过程和方法，评价自己学习表现的过程，进一步培养反思、质疑、评价的意识和能力，激发主动参与学习活动的愿望，树立学好数学的自信心。	

第三节

满足个性化学习需求

"益智数学"课程框架架构的依据是合肥市绿怡小学"画卷式课程"体系的总体框架,设立基础课程,为学生未来生活、工作和学习奠定重要的基础。"依托基础课程的学科特点,以及学生的学习需求,延伸开发出拓展课程,主要满足学生的个性化学习需求,让学生经历动手实践、自主探索与合作交流的学习过程,培养学生的应用意识和创新意识"。[①]

一、"益智数学"课程结构

依据国家教育方针政策,我校的基础课程,主要以国家统编教材为教学媒介,全面有效实施国家课程。拓展课程是依据小学数学学科的课程标准、小学生的年龄发展特点以及我校的育人目标而自主开发,拓展课程分为"益智计算""益智创新""益智统计""益智实践"四大类别,具体描述如下(图4-1)。

下图中,各板块课程具体描述如下:

(一) 益智运算

内容包括基本运算方法的拓展以及灵活运用运算方法开展小游戏等。开设的课程有"口算小能手""计算小行家""计算风暴""巧算专家""易学算术""分数计算""数学百分百"等。这些课程与义务教育阶段数学课程内容

[①] 中华人民共和国教育部. 义务教育数学课程标准(2011年版)[S]. 北京:北京师范大学出版社,2012:2.

图 4-1　"益智数学"课程结构图

第一部分"数与代数"相关联，旨在帮助学生理解现实生活中数的意义，从而建立数感，形成运算能力，更有助于学生理解运算的算理，能简洁而合理地通过运算解决实际问题。

（二）益智创新

内容为创意图形、巧妙拼搭、设计模型等。开设的课程有"快乐拼搭""拼图小比拼""钻石贴画"和"巧数接龙"等。"图形与几何"是小学数学基础课程的重要领域，开设"图形与几何"相关联的拓展课程，注重发展学生的空间观念，经历拼搭图形的过程，体会图形之间的联系与变化，在活动中提高动手操作的能力，发展初步的创新意识，感受图形之美。

（三）益智统计

内容包括对实际问题进行研究，收集、整理和描述数据，通过分析判断，感受简单的随机事件及其概率等。开设的课程有"我是小管家""环保小卫士""完善图书角""精彩足球赛""设计游戏规则"等。这些课程与义务教育阶段数学课程内容第三部分"统计与概率"相关联，旨在帮助学生形成初步的数据统计能力和数据分析观念，理解现实生活中很多实际问题可以通过收集和处理数据、进一步分析数据来寻求解决的方法。

（四）益智实践

内容包括在校园内外创设真实的生活场景，让学生面对真实存在的问题，寻求解决方法。开设的课程有"购物小达人""节约用水""我是小会计""生活中的数学""巧玩扑克牌"和"填数游戏"等。这些课程与义务教育阶段数学课程内容第四部分"综合与实践"相关联，旨在帮助学生综合运用"数与代数""图形与几何""统计与概率"等知识和方法有效地解决数学问题，以达到并充分培养学生的问题意识、应用意识和创新意识的目标。

二、"益智数学"拓展课程设置

除了基础课程之外，学校"益智数学"学科课程按年级，将拓展课程设置如下（表4-3）。

表4-3 "益智数学"课程设置一览表

年级	课程\类别	益智计算	益智创新	益智统计	益智实践
一年级	上学期	口算小能手	快乐拼搭	环保小卫士	购物小达人
	下学期	计算小行家	你说我搭	超市小买手	填数游戏1
二年级	上学期	除除有余	有趣七巧板	我是小管家	红绿灯指挥官
	下学期	易学算术	拼图小比拼	巧手分一分	明星设计师
三年级	上学期	巧算专家	巧数接龙	完善图书角	我是小会计
	下学期	妙趣算算算	彩绘数学	零用钱调查	填数游戏2
四年级	上学期	数学百分百	百变人民币	精彩足球赛	生活中的数学
	下学期	数学大通关	指尖数学	生活中的统计	巧玩扑克牌
五年级	上学期	计算高手	小脚丫走天下	有趣的测量	节约用水
	下学期	小交易	火柴游戏	幸运大转盘	相遇问题
六年级	上学期	分数计算	滴水实验	设计游戏规则	旅游中的数学
	下学期	计算风暴	数学探秘	大展宏图	包装方案

第四节

渗透一体化教学形态

数学学习是一个既有教师指导，又能体现学生的独立性和个性的过程。数学课程的实施要符合学生各阶段认知的发展规律，也要重视学习过程需贴合学生的实际。"动手实践、自主探索与合作交流是学习数学的重要方式，"[1]"所以在课程实施中要为学生创造足够的时间和空间去经历观察、实验、猜测、计算、推理、验证等活动过程。"[2]

因此，根据"益智数学"的课程理念、学科性质、课程目标等方面的要求，将从怡智课堂、益智数学课程群、基于项目的学习等几个方面进行课程实施。

一、打造"怡智课堂"，推进学科课程实施

（一）"怡智课堂"课堂的基本要求

"怡智课堂"是我校遵循用"轻松"心态"享受"生命精彩的"怡智教育"的教育哲学，是在长期的课堂教学实践中，自然生成的一种课堂教学形态。"怡智课堂"力图体现"尊重、温暖、轻松、成长"的阳光课堂文化核心，坚守"智从怡生、怡由智始、智怡共生"的学科理念，兼顾"主体性、参与度、发展性、创新性"为一体，让学生在智慧中前行，在学与做中成长。

---

[1] 中华人民共和国教育部. 义务教育数学课程标准（2011年版）[S]. 北京：北京师范大学出版社,2012：2.
[2] 中华人民共和国教育部. 义务教育数学课程标准（2011年版）[S]. 北京：北京师范大学出版社,2012：3.

（二）"怡智课堂"的推进策略

1. 创设情境，激发兴趣。在实际教学过程中，教师要充分了解学生的心理和年龄特点，创设有趣合适的学习情境，激发学生的好奇心，从而产生学习欲望。然后根据学习内容，利用各种教学资源，可以是文本、图片、视频，或是丰富的网络资源。总之，充分利用多种有效课堂资源，调动学生学习的积极性。

2. 教学互动，师生质疑。有效的课堂环境中，儿童在教师的组织和指导下相互讨论和交流，根据所创造的情境，学生围绕新知识进行讨论和交流、质疑和思考。儿童在享受集体交流成果的同时，对新知识将会有更深层次的理解。

3. 展示所得，分享智慧。教学结束后，学生及时展示和分享自己的感受、态度和策略，鼓励学生自我修正、自我完善。

4. 知识拓展，教学相长。以学生的课堂生成作为"蓝本"，在独立建构的基础上，数学思维相互碰撞，逐步对所学知识进行补充完善。通过交流展示、互动互促，所学知识在师生的思辨中逐渐明晰、建构系统科学的数学知识网络。

（三）"怡智课堂"的评价标准

详细的评价标准见表4-4。

表4-4 "怡智课堂"评价表

课题	维度	等级	分值
执教人 评课人 班级	1. 活动自主。体现让学生自主"发现问题，提出问题，分析问题，解决问题"的原则。	A	85—100分
	2. 赏识激励。关注学习过程，课堂评价及时、准确、丰富，以激励、欣赏为主。		
	3. 寓教于乐。教态亲切，语言亲和，方法灵活。	B	75—84分
	4. 目标明确。学习目标的制定明晰、正确，叙写规范，目标具体可测评。		
	5. 以学定教。立足学生已有的经验基础，充分考虑学生的兴趣，根据学习内容，挖掘各种教学资源创设学生感兴趣的情境，调动学生的学习热情。	C	60—74分
	6. 因材施教。课堂教学的各个环节关注学生差异性，兼顾各个层面的学生。	D	少量达到或未达到

二、倡导"怡智学习",培养良好的数学学习习惯

(一)"怡智学习"的基本要求

正所谓"授之以鱼,不如授之以渔。"好的学习方法是好的学习习惯养成的重要途径,以此才能正确面对问题,找到解决问题的方法和策略。所以在益智数学课程实施过程中,学习方法的指导贯穿始终。制定以下学习方法的培养原则:

1. 端正态度,养成习惯。首先要将正确的学习方法教授给学生,在此方法的基础上,要通过多次的实践,不断训练,从而逐步形成良好的学习习惯,这是一个必经而严格的过程。例如:掌握计算的方法并不难,但要养成熟练计算,确保正确的习惯并不是每个学生都能做到的,这就需要多次反复不断地练习,才能形成熟能生巧的技能和习惯。

2. 循序渐进,掌握流程。学生掌握好的学习方法不是一蹴而就的,这就需要从学习刚开始有意识地逐步培养。在不间断的前提下,还要根据学生的不同年龄特征和知识储备逐步提高要求。如:在低年级时,老师在教授计算题时,对于进位、退位未做具体严格要求,想在高年级时改正学生忘记进位或退位的缺点,往往不能奏效。

3. 言传身教,潜移默化。为师者,身正为范。小学生有着强烈的模仿性,这也是小学生的心理特征之一。因此,教师的示范作用在学生的学习过程中格外重要。如:教师在解题或演算的过程中,要自觉认真审题,提取解决数学问题的关键信息,按步分析,最后认真检查验算,培养儿童结合生活实际解决数学问题的能力。批改作业或示范书写时,要坚持字迹整齐美观,格式布局合理。这些都会给学生形成积极的示范作用,带来良好的效果。

(二)"怡智学习"的评价要求

评价内容:注重过程性评价,主要依据教师的记录资料,包括学生课堂表现、任务完成情况、学生参与积极性、团队合作意识、能力培养、学习经验和测试情况。

评价目标:掌握了基础的知识和技能,并获得相应提高;培养了自己的兴趣爱好,开发了相应的潜力;学会选择并作出决策,能合理选择自身的社会发展需要;从而提升综合实践能力;提高了自主发现问题、提出问题、分析问题和解决问题的能力;培养了勇于创新、自主实践的精神。

评价方式： 自评、师评、互评、家长评四个方面。

1. 自我评价。学生根据自身特点和所学知识，在教师的指导下，自主确立对自身的评价项目和评价方法，进行自我评价。

2. 教师评价。教师因材施教，根据不同学生的特点，制定出评价项目及评价方法，对学生进行评价。形式例如： 学习过程的观察和记录、形式各样的作业等。

3. 生生互评。借助评价量表进行生生互评。

4. 家长评价。学生家长参与评价。

三、建立"怡智社团"，让数学学习有趣精彩

将小学数学综合实践与应用与数学教学内容相结合，以小组合作学习研究的形式成立数学社团。不同的社团可根据自己感兴趣的内容确定本社团的活动主题，设计本社团的活动方案。

数学社团的评价内容包含社团组织和组员参与两个方面。

1. 社团组织。主题的选择；资料的查找；方案的设计；社团成员的分工；活动的成果。

2. 组员参与。对活动完成的贡献性；与组员的合作互动性；在小组中的团结性。

四、开展"学科主题月"，让数学学习巩固拓展

将小学数学综合实践与应用与数学教学内容相结合，每学期开展"怡智数学主题月"活动。不同的年级可根据基础课程内容确定本年级主题月活动方案。有分年级活动和全校数学活动。

1. 全校数学活动。简便计算大比拼；口算过关。

2. 分年级活动。一、二年级的无纸化测评中有数学大转盘、搭积木；三年级的全区统一测评；四至六年级的合肥市绿色学业评价。

五、评价导航：依托评价导航，引领课程优质实施

依托评价导航，引领课程优质实施。通过多元的评价，引导课程向高品质的方向发展，对课程的评价如下：

（一）学生的综合性评价

数学课程的评价会依据《义务教育数学课程标准（2011年版）》和学生学科核心素养，从小学数学学业水平评价的基础性、全面性和科学性出发，关注学生的学习过程和学习体验，关注学生良好学习习惯的养成，关注学生"学数学用数学"的意识和动手操作能力，关注学生的个性化学习，努力将评价贯穿于数学学习的全过程。通过评价，让学生对数学的好感与日俱增，获得成功的体验，以评促学、以评促教，实现师生的共同发展。

1. 纸笔测验。"纸笔测验"是一种传统的考试方式，是一种重要而有效的评价方法，它应该侧重于学生对数学基础知识、基本技能、过程和方法的理解和认识；应重视考查学生综合运用所学知识、技能和方法分析和解决问题的能力；应注意选择与日常生活联系紧密的实际问题，而不能片面的对基础知识和基本技能进行测试。

2. 学习档案评价。"学习档案评价"有助于促进学生综合能力的发展。学生在学习档案中可以是一次数学口算题、一次小组活动的记录、一份简单的图形设计、一张过程性的测试题、一个有价值问题的提出和解答等等。教师要善于观察和记录学生的成长过程，做好学生的过程性评价，而不是通过某一方面、某一次评价当作学生的全面发展情况，这样才能客观、公正地评价学生的学习。

（二）课程的综合性评价

通过对课程有形成果（教学设计、课程纲要、其他过程性资料等）的审阅；通过课程展示课、成果汇报等方式，综合评价、考量该课程的科学、合理性。对该课程的发展进行诊断。

（三）教师的综合性评价

评价层面：教学计划的完善性；教学内容的正确性；因材施教；教师对课程的开发和建设性；教学目标的完成度等方面。

1. 学校评价。学校成立评估小组，通过观察课堂、聆听学生的意见、检查课程的发展和建设、达到教学目标和教学安排，对学生进行评估。

2. 教师自我评价。除他评外，还应注重教师的自评，在教学过程中，根据教师课程开发与建设的程度，教师进行自我评价，从而提高教师自身各方面的能力。

3. 学生评价。通过对学生多方法的调查，了解学生的需求，从而提高课程的质量，满足学生的需求。

（撰稿者：张晓燕　徐玉梅　谢迎叔　王崇文　饶宇　邹冉）

第五章

基于课程实施的决策

如何推进学科课程实施，这是课程决策的重要方面。以学习为中心的课程实施，不仅引起了学习方式变革，也是对课程实践的规定性，即决定教师怎样教和学生怎样学的本质问题。课程实施的决策主要有主体维度、工具维度和实践维度的考量。从主体维度来说，建立互动型的师生关系是课程实施的有力保障。从工具维度来说，采用多样性教学方法，是课程实施的重要途径。从实践维度来说，参与性的教学过程，让课程实施落地生花。

课程实施是课程决策的重要一环,是对课程实践的规定性,也就是决定教师怎样教和学生怎样学的本质问题。为了达到课程目标,确定学生将要做些什么,以及教师需要做些什么来帮助学生达到课程目标的要求。实践是检验真理的唯一标准。将所有的理论原理应用于实践,通过课程的实践,检验理论的正确性,这就是课程实施的过程。国外对于课程决策的研究比中国要早,但是单纯的理论照搬和移植,对于具有中国特色的大国其指导意义就是羸弱的。课程实施的决策主要有主体维度、工具维度和实践维度的考量。

首先,从主体维度来说,建立互动型的师生关系。数学教学活动是师生交往互动、共同发展与提高的过程。教师是学生学习活动的组织者、引导者和合作者。教师要走下讲台,与学生建立人格上平等的师生关系,激发他们主动思考、积极探索、形成良好的互动;与学生建立情感上的朋友关系,学生愿意跟老师分享,老师在充分了解学生的基础上更能因材施教。良好的互动型师生关系,是课程实施的有力保障。

其次,从工具维度来说,采用多样性教学方法。新课标强调学生是学习的主人,教学活动应该在充分激发学生积极性的前提下进行。使学生在自主探索和合作交流的过程中真正理解和掌握数学知识与技能、数学思想和方法,获得数学活动经验。这就要求教师采用多样性的教学方法。教师引导、自主探索、合作交流都是常用的教学方法。尽管学生在学习中处于主体的地位,但并不能削弱教师的主导作用。小学低段的学生还处于具体形象思维阶段,中高段也是处在由具体形象思维向抽象逻辑思维过渡的阶段,需要借助实物直观来培养数感、空间观念等。教师适度的放手,学生以小组为单位自主探究、生生对话交流,更能激发学生的数学学习潜质和数学思维、数学学习习惯的养成。采用多样性教学方法,是课程实施的重要途径。

最后,从实践维度来说,创设参与性的教学过程。教学中,不仅要关注学生学习的结果,更应该关注学生学习的过程和参与度,注重体验和探索。笔者觉得应做好三件工作:增强自主意识、激励主体参与、激发主动评价。教师应充分尊重学生主体,在教学中培养学生的自主意识,逐步明确学习是个人的主体行为。通过一系列的激励性的方法和措施,促进学生主体主动地参与到学习中来。学生的参与度积极性不仅与教师的评价有关,也与学生主体对自我的评价有关。我们不仅关注学生学习结果的评价,更应注重学生学习过程的评价。参与性的教学过程，让课程实施落地生花。

合肥市香樟雅苑小学的"启行数学"课程，注重营造良好的课堂氛围，关注全体儿童的有效参与，让每个儿童感受到数学的温度，引导儿童主动探索、自主探究，是以学生为本的课堂教学。在教学活动中，教师注重引导，能充分调动学生的积极性，让互动型的课堂真正落到实处。

（撰稿者： 杨清英）

启行数学： 让思维扬帆起航

合肥市香樟雅苑小学数学组是一个由13位教师组成的优秀团队，在这个团队中一级教师有8人，有合肥市小学数学骨干教师、也有中国科学技术大学研究生毕业的高学历人才。数学组的每位教师都有自己的教学专长，多人在国家级、省级、市级、区级各项教学比赛中取得优异成绩。我们依据《中共中央国务院关于深化教育教学改革全面提高义务教育质量的意见》（2019年6月23日）以及《义务教育数学课程标准（2011年版）》，推进我校数学学科课程建设，取得了可喜的成效。

第一节

发展儿童思维能力

一、学科性质

《义务教育数学课程标准（2011年版）》指出："数学是研究数量关系和空间形式的科学。数学与人类发展和社会进步息息相关，随着现代信息技术的飞速发展，数学更加广泛应用于社会生产和日常生活的各个方面。数学作为对于客观现象抽象概括而逐渐形成的科学语言与工具，不仅是自然科学和技术科学的基础，而且在人文科学与社会科学中发挥着越来越大的作用。"[①] 数学素养是现代社会每一个公民应该具备的基本素养。作为促进学生全面发展教育的重要组成部分，数学教育既要使学生掌握现代生活和学习中所需要的数学知识与技能，更要发挥数学在培养人的理性思维和创新能力方面的不可替代的作用。

义务教育阶段的数学课程是培养公民素质的基础课程。数学课程除了帮助学生学会基础知识和基本技能；还能培养学生的抽象思维和推理能力；以及培养创新意识和实践能力；使学生在情感、态度与价值观等方面得到发展。义务教育的数学课程能为学生未来生活、工作和学习奠定重要的基础。

二、学科课程理念

基于《义务教育数学课程标准（2011年版）》要求，学校确定"启行数

---

① 中华人民共和国教育部. 义务教育数学课程标准（2011年版）[S]. 北京：北京师范大学出版社,2012：1.

学"的学科课程理念。通过"启行数学"课程，学生不仅可以掌握基本知识、基本技能、基本思想、基本活动经验，同时启发学生的数学思维，能运用数学知识融会贯通地解决生活中的实际问题，用数学的眼光去发现、认识生活，感受数学的价值与魅力。

"不愤不启,不悱不发"是孔子倡导启发式教学的重要主张。教师对学生思考问题的方法适时给以指导，以帮助学生开启思路，这就是"启"。做学问，认识（"知"）是基础，实践（"行"）是检验真知的唯一标准，只有把"知"和"行"统一起来，做好知行合一，才能把"学而时习之"落到实处，这才是学习真知的重要方法和途径。

我们认为，"启"生动力，"行"得能力。数学教学的核心是数学思维得到发展的过程。数学的学习应该是数学思维得以"启发"并培养形成，并在实践中经历和体验，发展学生的数学素养——这即是"启行数学"课程理念。具体而言：

（一）"启行数学"： 启思维

大教育家孔子，一直强调学习与思考的重要性。"学而不思则罔，思而不学则殆"的道理我们一直铭记于心，勤于思考的人才是力量无边的人。思考能力是最核心、最根本的数学能力，学生只有通过思考才能把外在的知识内化到自身的知识体系中，发展推理能力，强化逻辑思考力。这样的学习才是有意义的、有价值的学习。"启行数学"始终把启发学生的思维能力放在首要位置。让思维在分析、综合、比较、抽象、概括判断和推理的学习过程中生根发芽。

（二）"启行数学"： 重践行

"践行"的意思用实际行动去做某些事。数学来源于生活，又广泛应用于生活。能运用所学的数学知识融会贯通地解决生活中的实际问题，是小学生必备的数学素养之一，是学校教学的目的之一。这就要求我们从已有的知识经验出发，加深学生对数学知识的理解和应用能力。"启行数学"注重将数学教材中枯燥、脱离学生实际的数学知识还原，使之生活化，激发学生学习数学的兴趣，享受应用数学的价值，做到"知行合一"。

总之，有"启"的数学，充满思考、自我挑战，有"行"的数学，重视学生的体验、探索、灵活运用。在一"启"一"行"中，学生能主动思考、积极探索，灵活运用数学知识解决生活中的数学问题。将数学的思考味和生活味融为一体。用数学的眼光去发现、认识生活，感受数学的价值与魅力，激发学习数学的兴趣，进而提高学生发现与提出问题，分析与解决问题的能力。

第二节

提升儿童数学素养

《义务教育数学课程标准（2011年版）》中指出："在数学课程中，应当注重发展学生的数感、符号意识、空间观念、几何直观、数据分析观念、运算能力、推理能力和模型思想。"① 基于这些需要发展的数学素养，学校"启行数学"从启迪思维入手，使探究实践渗透到学习的全过程，并制定学校"启行数学"课程目标。

一、学科课程总目标

通过"启行数学"的实施，学生能从兴趣出发，获得发展所必需的数学基础知识；运用数学的思维观察、思考世界；用数学的方法去发现问题、解决问题；体会数学和生活的必然联系；具有探究、创新的意识与能力；提高数学学习的兴趣，增强学习数学的信心，感受数学的价值。

我们从以下四个方面具体阐述：

（一）知识与技能："启行数学"长知识

结合生活中有"启"的数学情景、活动或问题，抽象出数的概念，理解数的意义、估算、运算的计算道理，探索运算规律并准确运算，并能简算、巧算；经历从实物中抽象出图形的过程，了解几何图形的特征，掌握初步的测、识、画图的技能；经历实际问题中收集、整理、分析数据的过程，掌握

---

① 中华人民共和国教育部. 义务教育数学课程标准（2011年版）[S]. 北京：北京师范大学出版社，2012：5.

数据处理方法。

(二) 数学思考："启行数学"跃思维

结合生活实际，在经历探究的活动中，建立数感、符号意识、空间观念和数据分析观念；学会有条理的思考，能清楚地表达思考过程和结果；发展合情推理和演绎推理能力，体会数学的基本思想和思维方式；激发学生的想象与创新，培养科学的思维能力。

(三) 问题解决："启行数学"提能力

经历形式多样的探索环境，培养"启行"数学的能力；初步学会从数学角度发现问题、提出问题、探索问题的能力；在解决问题的过程中，获得分析问题和解决问题的一些基本方法，积累自主探索、合作探究的经验，提高数学学习"探知"的能力；初步探索评价与反思的方法，形成评价与反思的意识。

(四) 情感态度："启行数学"养素质

在"启行数学"的学习过程中激发学生学习数学的好奇心和求知欲；使学生体验获得成功的乐趣，锻炼克服困难的意志，建立自信心，了解数学的价值；养成认真勤奋、独立思考、合作交流、反思质疑等学习习惯；形成坚持真理、修正错误、严谨求实的科学态度。

《义务教育数学课程标准（2011年版）》中指出："在数学课程中，应当注重发展学生的数感、符号意识、空间观念、几何直观、数据分析观念、运算能力、推理能力和模型思想。"[①] 基于这些需要发展的数学素养，学校"启行数学"从启发和践行入手，使探究渗透到学习的全过程，并制定学校"启行数学"课程目标。

二、学科课程年级目标

依据教材、教参和本校实际情况，拟定学校年级课程目标，现以五年级为例（表5-1）。

---

① 中华人民共和国教育部. 义务教育数学课程标准（2011年版）[S]. 北京：北京师范大学出版社，2012：5.

表 5－1 "启行数学"课程五年级目标表

上学期目标	下学期目标
第一单元： 负数的初步认识 1. 初步认识负数的含义。 2. 能用正负数描述日常生活中的问题。 第二单元： 多边形的面积 1. 探索并掌握多边形面积的正确计算。 2. 能解决土地面积单位有关的实际问题。 第三单元： 小数的意义和性质 1. 认识小数的意义、掌握小数的性质。 2. 会把较大的数改写成"万"和"亿"的小数，会根据要求四舍五入求一个小数的近似数。 3. 能用小数描述生活现象、解决实际问题。 第四单元： 小数的加法和减法 1. 能正确进行小数加减法的笔算和简单的口算；会用计算器计算稍复杂的小数加减法。 2. 能用小数加减法解决实际问题。 第五单元： 小数的乘法和除法 1. 能正确计算小数乘除法以及简单的小数四则混合运算，并能解决相关实际问题。 2. 能应用小数点位置移动规律口算和解决简单实际问题。 第六单元： 统计表和条形统计图（二） 1. 认识复式统计表和复式条形统计图。 2. 能通过对数据的分析解决简单实际问题。 第七单元： 解决问题的策略 1. 能用一一列举的策略解决简单实际问题。 2. 感受列举策略的特点和价值，加强数学思维。 第八单元： 用字母表示数 1. 会用字母表示数，含有字母的式子表示数量、数量关系和计算公式。 2. 体会字母表示公式和运算律便于表达、容易记忆。	第一单元： 简易方程 1. 正确理解等式性质，初步学会根据等式的性质解方程。 2. 初步学会列方程解决相关实际问题。 第二单元： 折线统计图 1. 能读懂常见的折线统计图，能根据要求完成相应的折线统计图。 2. 能根据折线统计图所表达的信息，进行相应的分析、比较和简单的判断、推理。 第三单元： 因数和倍数 1. 认识因数和倍数、奇数和偶数，知道 2、3、5 的倍数特征。 2. 认识质数、合数和质因数，会把一个合数分解质因数。 3. 掌握最大公因数和最小公倍数的基本方法。 第四单元： 分数的意义和性质 1. 理解分数的意义探索并理解分数与除法的关系，认识真分数、假分数和带分数。会把假分数化成整数和带分数，会进行分数与小数的互化。 2. 掌握分数的基本性质，会解决简单的有关于分数的实际问题。 第五单元： 分数加法和减法 1. 能正确计算简单的异分母分数加减法，能正确进行分数加减混合运算。 2. 能应用分数加减法解决简单实际问题。 第六单元： 圆 1. 初步认识圆和扇形。 2. 能正确计算圆的周长，能应用圆的周长公式解决实际问题。 3. 能正确计算圆和简单组合图形的面积。 第七单元： 解决问题的策略 1. 能用转化的策略解决简单实际问题。 2. 感受转化策略的特点和价值。

第三节

培养儿童探究能力

为了实现上述课程目标,学校依据"启行数学"课程基本理念,建立学校数学学科课程框架。

一、"启行数学"课程结构

学校数学课程以国家课程为基础,关注学生的数学基础能力,旨在使学生掌握必备的基础知识和基本技能、数学基本思想和基本活动经验;以学校设置的各项数学课程为辅,开阔学生的视野,增强学生活动体验,拓展学生的学科能力,旨在培养学生数学学科的核心素养。

依据《义务教育数学课程标准(2011年版)》,"在数学课程中,应当注重发展学生的数感、符号意识、空间观念、几何直观、数据分析观念、运算能力、推理能力和模型思想。为了适应时代发展对人才培养的需要,数学课程还要特别注重发展学生的应用意识和创新意识。"[①] 学校秉承学科课程哲学,结合学生的认知水平和已有的知识经验,学校一至六年级分别开设"启行妙算""启行空间""启行应用""启行统计"四大类(图5-1)。

下图中,各板块课程具体描述如下:

(一)启行妙算

课程内容依据数学课程四大领域中数与代数领域的内容进行设置,通过

---

① 中华人民共和国教育部. 义务教育数学课程标准(2011年版)[S]. 北京:北京师范大学出版社,2012:5.

图 5-1 "启行数学"课程结构图

开展丰富多彩的计算、巧算活动，发展学生的数感，提高学生的计算能力，开设有"数我最棒""巧算达人""速算 24 点"等课程。

（二）启行空间

课程依据数学课程四大领域图形与几何领域的内容进行设置，在充分考虑学生已有认知水平和一至六年级课程内容的基础上，注重数学知识和生活的结合，经历摸、折、剪、涂等动手操作活动，体会图形变化的神奇，进一步发展学生的空间观念。开设的有"巧手剪纸""七巧拼图""对称之美"等课程。

（三）启行应用

课程依据数学课程四大领域综合与实践领域的内容进行设置，该课程以数学实践活动为主线，让学生到生活中去应用数学，感悟数学与生活的联系，培养学生的应用意识和创新意识，体会数学的价值，感受数学的魅力，开设的课程有"数学淘淘乐""校园与面积""社区调查"等。

（四）启行统计

课程依据数学课程四大领域统计与概率领域的内容进行设置，结合学生的年龄特征和已有认知水平，开展丰富多彩的主题活动，让学生在收集、整理、分析数据的过程中，培养其数据分析观念和推理能力，开设有"小小气象员""数据分析员""小小售货员"等课程。

二、学科课程设置

依据"启行数学"的课程结构设置，除基础课程外，根据不同年级学生的年龄特点，设计和实施拓展类课程，其课程设置如下表（表5-2）。

表5-2 "启行数学"课程设置表

学期 \ 课程	启行妙算	启行空间	启行统计	启行应用
一年级上	数我最棒	搭城堡	整理玩具	我爱校园
一年级下	口算星秀	巧手剪纸	小小售货员	数学淘淘乐
二年级上	巧算达人	七巧拼图	小小会计员	神奇的尺子
二年级下	巧用口诀	四面八方	有据可查	跳蚤市场
三年级上	数在心中	对称之美	搭配大师	校园与周长
三年级下	速算24点	小小调查员	制作年历	校园与面积
四年级上	巧算四则	线与角交汇	小小气象员	社区调查
四年级下	巧用运算律	内角和的美	探秘身高	找位置
五年级上	巧算小数	百变钉子板	数据分析员	班级联欢会
五年级下	初探未知数	巧绘图形	蒜叶的生长	校园淘宝
六年级上	巧算分数	圆的奇妙	普及互联网	树叶中的比
六年级下	奇妙比例	立体之美	大数据	校园比例

"启行"注重启发性、实践性的特征，从激发学生的兴趣出发，引导学生自主探究，鼓励学生用自己所学知识解决生活中的一些实际问题，锻炼学生的合作探究能力，提高学生的问题解决能力，从而让学生思维水平得到提升。

第四节

锤炼儿童实践能力

《义务教育数学课程标准（2011年版）》指出："无论是设计、实施课堂教学方案，还是组织各类教学活动，不仅要重视学生获得知识技能，而且要激发学生的学习兴趣，通过独立思考或者合作交流感悟数学的基本思想，引导学生在参与数学活动的过程中积累基本经验，帮助学生形成认真勤奋、独立思考、合作交流、反思质疑的良好学习习惯。"[①] "启行数学"课程依据学科课程理念、课程目标、课程设置从以下四个方面设计实施与评价，即"启行课堂""启行之旅""启行小达人""启行数学节"。

一、构建"启行课堂"，感受数学课堂魅力

结合学校"启行课堂"的课程理念，学校数学课堂的教学致力于创设丰富的实施途径，形式多样的活动的"启行课堂"，主张培养学生独立思维，创设富有吸引力的课堂。

（一）"启行课堂"的实践与操作

1. 充分的课前准备。古人云："凡事预则立，不预则废。"正所谓"有备而来，有备无患"，"只有课前的精心预设，才有可能在课堂上实现精彩的生成"。课堂教学作为整个教学过程的中心环节，具有很强的科学性和连续性，课前必须作充分准备，否则就不能取得理想的结果。新课程理念下的备

---

① 中华人民共和国教育部. 义务教育数学课程标准（2011年版）[S]. 北京：北京师范大学出版社，2012：43.

课，需要以儿童为中心，是围绕着儿童在学习过程中遇到的学习问题而展开的教学设计。读懂儿童，找准教学起点，突出教学重点，把握教学弹性，让课堂更有深度，是成就启行课堂的有效途径。

2. 营造良好的课堂氛围。良好的课堂气氛可以促进教师和儿童进行有效的互动，让教师的教和儿童的学都取得最大化的效果。课堂气氛适宜，儿童的思维不被压抑，学习热情高涨，能充分调动儿童的学习积极性，迸发火花。营造良好课堂氛围，让课堂充满活力，相信这样的教学能把孩子们引入广阔的数学天地，让学生自由快乐地遨游在知识的海洋，这也是启行数学的目的所在。

3. 关注全体儿童的有效参与。为每个儿童提供平等、有效参与的机会。注重培养每个儿童素质修养，让每个儿童感受到数学的温度，让儿童为"启行课堂"着迷，在学习过程中体会到学习的满足与快乐，引导儿童主动探究、自主学习，感受数学学习的润物无声。

4. 以学生为本的课堂教学。在教学活动中，教师要注重引导，调动学生的积极性，教师在充分观察儿童动态学习的实际情况下，进行引导启发，放手让儿童自己探究，开展经验分享等活动，让"启行课堂"在实践中落地生花。同时，教师要真切的对儿童进行指导和帮助，密切关注儿童的学习状态和反应，进行深入交流和沟通。

5. 评价指向性强。课堂教学中，教师的评价具有较强的指向性，能够在某些方面有效地引导学生，达到促进学生发展的目的。

（二）"启行课堂"的评价

根据课堂评价要求，结合"启行课堂"的特色，特制课堂评价表（表5-3）。

表5-3 "启行课堂"评价表

评价项目	评价标准	评价	
		权重	得分
教学目标	1. 依据课程标准，符合课程标准理念，符合学生发展的实际。	5	
	2. 体现"启行数学"的特色，多角度利用教材，创造性地理解教材。	5	
	3. 促进个性充分发展。	5	

续　表

评价项目	评价标准	评价	
		权重	得分
教学内容	1. 形式多样，方式灵活。适合儿童的发展需求，有利于培养儿童对于数学的兴趣。	5	
	2. 创造活跃的学习氛围，引领孩子享受其中。有利于全面提高学生能力。	5	
	3. 教学内容层次化。满足不同学生的需要，能为学生提供创造活动的领域和更多的发展机会。	5	
	4. 准确把握教学重点、难点。教学环节环环相扣，内容循序渐进，提问精准有效。	5	
教学过程	1. 教学思路清晰，重点突出，层次清楚，结构合理。	3	
	2. 即面向全体，又因材施教。观察学生是否全员、全程参与，是否给学生充分、自主的活动时间和空间。	3	
	3. 课堂生动有活力，能够激发儿童兴趣，提高儿童积极性。	3	
	4. 以儿童为主体，教师为主导。	3	
	5. 利用现代化信息技术，课堂形式多样。	3	
教学方法	1. 教学方法灵活多变，具有启发性。	3	
	2. 情境创设有吸引力，问题设计严谨、合理。	3	
	3. 注重儿童情感和三观的培养。	3	
	4. 课堂评价多样、到位、有激励性。	3	
	5. 肯定儿童，激发儿童学习积极性。	3	
教学文化	1. 儿童能够正确理解并学会运用。	5	
	2. 全面达到教学目标，完成教学任务。	5	
	3. 儿童课堂积极，提高学习的积极性。	5	
教师表现	1. 教态自然，语言准确，行为举止规范，板书美观。	5	
	2. 能够灵活处理课堂上所发生的相关事宜。	5	
	3. 具有一定的素养，不过分指责呵斥儿童，保护儿童自尊心。	5	
合计			

二、推动"启行之旅"，探寻数学的奥秘

数学中有很多实用意义的内容，其中包含着深刻的奥秘，引人深思。因此，学校以苏教版教材为原点，开发"启行之旅"课程，促进学生数学素养的提升。

（一）"启行之旅"课程的构建与实施

课程设置为学生数学知识的学习、数学能力的提升、数学思维的发展等各方面素养提供多样化的学习平台。结合数学课堂的教学、数学社团的实施、数学实践活动的组织等各方面经验，通过教师研讨、调研学生、资料整理等途径，寻求课程实施的有效方法，并以科学、有效、立体的评价保证课程的顺利开展。"启行数学"课程包括启行妙算、启行空间、启行统计、启行应用、启行文化五大类别课程，根据学生的年龄特点和已有知识经验，每个学期开发设置横向分布的五大类别课程。同时，每类课程按学期开发设置纵向分布的12门课程，通过纵向、横向课程循序渐进的实施，"启"生动力，"行"得能力，启发学生的兴趣爱好和学习潜能，促进学生数学学科学习效能的提高，全面提升学生的学科素养。

（二）"启行之旅"课程的评价

针对"启行之旅"课程内容，进行过程性评价和阶段性评价相结合的评价。

1. 评价目标。从以下几方面的要求设计和开展评价，一是在知识或技能方面获得进一步的拓展或提高；二是兴趣和潜能得到进一步开发和发展；三是在自学能力、合作能力、批判性思维能力、发现问题、分析问题和解决问题的能力等方面得到增强；四是勇于探索、积极创新、自觉钻研、进取向上的精神得到培养。

2. 评价内容。凸显过程性评价，主要依据师生的学习过程记录数据，包括课堂学习表现、任务完成情况、参与活动情况、团队合作情况，能力达成、学习体会等。注重阶段性评价，针对学生学期或年段的学习情况开展阶段性学业评价，包括成果展评、学业测评、团队展示等，及时发现不足，并改进完善。

3. 评价方式。采取自评、师评、互评、家长评多位一体的评价方式，一是自我评价：由师生商议、确定评价项目和评价方法，学生进行自我评价。二是教师评价：由教师通过观察、学习过程中记录，以及多种形式的作业作品等，对学生进行评价。三是相互评价：借助评价量表，生生互评。四是家长评价：家长参与的评价。

三、搭建"启行小达人",促进素养提升

为了激发小学生学习,钻研数学知识的兴趣,使学生逐步形成勇于实践、敢于创新的思维和良好品质,拓展学生的知识面,提高学生的数学素养,发展学生的个性特长。学校开展了"智慧达人赛"。

(一)"启行小达人"的实施

1. 口算小达人。口算是数学中重要的组成部分,是学生学习数学的基础,也是学生学习数学应该具备的基本技能。为了激发学生对口算的热情,培养学生扎实有效的计算能力,提高计算的速度和准确率,学校开展了"口算小达人"这一赛事。采用口算的形式,先以班级为单位进行初赛,再在每班选拔6名同学,代表班级参加年级比赛,在限定的时间内完成计算题目,争夺"启行口算小达人"称号。

2. 数学阅读知识大比拼。有效的数学阅读有助于数学语言水平的提高及数学交流能力的培养。所谓数学交流是指数学信息接收、加工、传递的动态过程。无论从学习数学的角度,还是运用数学的角度来看,数学交流都有极重要的作用。而数学交流的载体是数学语言,因此,发展学生的数学语言能力是提高数学交流能力的根本。然而仅靠课堂上听老师的讲授是难以丰富和完善自己的数学语言系统的。只有通过阅读,做好与书本标准数学语言的交流,才能规范自己的数学语言,锻炼数学语言的理解能力和表达能力,提高数学语言水平,从而建立良好的数学语言系统,提高数学交流的能力。同时,课外数学读物,可以开阔孩子们的数学视野,发展孩子的数学思维,也是不可缺少的阅读材料。因此,我们积极引导学生阅读数学读物。

3. 数学教师根据学生的阅读兴趣和需求的不同,精选适合本年级儿童的读物,并制作"阅读小达人卡",记录读书信息,让孩子在享受数学阅读的过程中带来的知识和快乐,并加强理解与感悟。

(二)"启行小达人赛事"的评价标准

通过"口算小达人""数学阅读知识大比拼"等数学竞赛活动,根据学生完成的实际情况,按一定比例分别评选出优秀、良好、合格三个等级,分别授予3、2、1个智娃成长币,记录在《启行小达人卡》中,并根据卡币的数量颁发"数学启行小达人之星"奖状。通过竞赛活动,激发全校学生钻研数学知识的兴趣,拓展学生的知识面,提高学生数学素养。

四、举办"启行数学节",展示课程实施成果

每年5月举行的"启行数学节"是数学学科的传统活动,每学年拟定一个数学主题活动节日,以一系列数学主题活动为基本载体,旨在激发学生参与数学学习的兴趣和热情,让每一位学生都能在数学上有所发展,同时还能增进师生、生生之间的情感。

(一)"启行数学节"的实施

以每年5月的"校园文化艺术节"为契机,以启行课程为依托,组织开展一系列节日,设立学术个人单项奖和班级奖励。每学年都有统一的主题,主题与本学期开设的课程保持一致,并根据主题制定详细可行的方案。

(二)"启行数学节"的评价标准

学校"启行数学节"以一系列活动形式开展,为了更好地达成数学节的开展目的,学校建立适合学生年龄特征的评价体系,确保活动的有效开展,从而真正促进学生各方面能力的提升。针对不同的主题节日,从内容、形式、过程、效果几个方面进行评价,如表5-6安排。

表5-6 "启行数学节"评价标准表

项目	评价标准	效果(☆☆☆)
内容	内容要科学合理,符合学生的年龄特点和认知水平。	
	符合生活实际,提高学生解决问题的能力。	
	有趣味性,激发学生的兴趣与热情。	
形式	以年级为单位开展。	
	形式多样、新颖,有感染力。	
过程	全体学生都积极参与,充分发挥他们的主体性。	
	学生能力得到提高。	
	教师有效指导,学生参与性强。	
效果	学生兴趣得到激发,展现自我特长。	
	拓展学生的思维能力,开拓学生学习视野。	

综上所述,我校数学学科基于《义务教育数学课程标准(2011年版)》,围绕国家基础课程的具体内容,分析学校自身特点及学生综合素养的发展要求,确定"启行数学"的学科理念,并围绕"启行"的数学课程核

心，制定学科课程目标、形成学科课程结构、创设学科课程体系，最终制定了一系列的课程实施方法与评价的标准，确保"启行课程"的实施与发展。"启行数学"的课程体系，更注重的是学生学习的过程与经历，自启发中开始、在探索中经历、从成功中收获、在收获中激趣，形成一个良性的学习循环。在此学习过程中，通过各门拓展类课程的实施与发展，促进学生在数感、符号意识、空间观念、数据分析观念、运算能力、数学思想等多方面学科素养的渐进、持续发展，最终使每个学生都有自己的成长与收获！

（撰稿者：姚琼　杨清英　何峰　沈瑾　王颖　章煜）

第六章

基于课程媒介的决策

　　课程媒介的决策就是决定使用何种材料性质的课程资源作为媒介来把学习内容更好地展示给学习者。数学课堂中合理恰当地使用数学课程资源，在很大程度上将提高学生的学习水平和教师的教学质量。课程资源有很多种，多媒体技术作为广泛应用的课程资源有其独特的优势，传统的板书也是不可忽视的媒介。选择何种可以作为中间媒介的材料，把课程内容呈现给学习者，是课程决策的重要内容。

课程媒介的决策就是决定使用何种材料性质的课程资源作为媒介来把学习内容更好地展示给学习者。数学教学过程中恰当地使用数学课程资源，将在很大程度上提高学生从事数学活动的水平和教师从事教学活动的质量。课程资源有很多种，选择何种资源来进行教学要根据课程目标、教学大纲的要求，还要符合学生的认知发展水平和满足实际教学的需要。

　　《义务教育数学课程标准（2011年版）》指出"数学课程资源是指应用于教与学活动中的各种资源。主要包括文本资源——如教科书、教师用书，教与学的辅助用书、教学挂图等；信息技术资源——如网络、数学软件、多媒体光盘等；社会教育资源——如教育与学科专家、图书馆、少年宫、博物馆、报纸杂志、电视广播等；环境与工具——如日常生活环境中的数学信息，用于操作的学具或教具，数学实验室等；生成性资源——如教学活动中提出的问题、学生的作品、学生学习过程中出现的问题、课堂实录等。"[1] 根据课标的要求，我们具体阐述以下两种常用的课程媒介。

　　1. 多媒体技术与小学数学课程的整合。多媒体技术作为近年来广泛应用的一种课程资源，将其应用于数学课堂的教学中，具有教学过程在宏观和微观领域的可视化，学习资料可以图像化展现，抽象的教学过程变得形象具体，教学过程安排的紧凑密集，从而使教学质量得到提高，教学过程得到优化，教学效果得以增强。

　　小学生的心理和生理发育还不成熟，小学低年级学生以具体形象思维为主，中高年级学生的抽象逻辑思维发育还不完善，对于部分教学内容难以较快吸收。但是近年来，多媒体技术与数学教学内容的完美融合，使学生从传统的"静态"课堂转到以图像、声音、图文字为一体的"多媒体"课堂。首先，利用多媒体技术图文结合、灵活转换的特点来创设情境，激发学生的学习兴趣，以引起学生的注意，激发探究欲望。然后，利用多媒体技术搭建认知框架，通过在数学课堂中巧妙融合多媒体技术，将抽象化的语言和数字转化成具体的文字和图画，增强教师与学生之间的互动艺术，提高学生思维能力。最后，利用多媒体技术和生活的有机融合，学生得以亲身体验，在体验

---

[1] 中华人民共和国教育部. 义务教育数学课程标准（2011版）[S]. 北京：北京师范大学出版社，2012：67.

中探索研究，增强学生的实践能力。

总之，数学教学内容要与多媒体技术融合在一起。多媒体技术的应用，可以激发学生的学习兴趣，提高数学课堂的教学质量，可以选择合适的信息技术资源来解决生活中的难题，提高学生学习数学的兴趣。

2. 板书——不可忽视的"媒介"。随着时代的发展和社会的进步，多媒体技术在小学数学教育教学中得到了广泛的应用，使得传统的黑板板书的地位受到严峻挑战。好的板书，作为一门独特的艺术，是小学数学课堂教学中不可忽视的"媒介"。

板书体现的是教师的基本素养、教学态度和教材解读能力，板书浓缩了数学教学内容。好的板书可以看成一份浓缩归纳的微型教案。合理的板书设计可以节约课堂教学时间，保障教学活动的顺利开展。板书的呈现过程是学生学习能力培养的过程，一节课中，板书的呈现是由浅入深的，伴随着教学内容逐步推进的。它动态地呈现知识的发生发展过程，引导学生逐步将知识体系内化为自己的认知系统中去。板书能连续性、持续性地呈现在黑板上，可以给学生留下足够的观察、思考时间，使他们更细致深刻地琢磨知识的来龙去脉。板书还能沟通师生情感，板书是师生"心灵"沟通的桥梁，它不仅沟通了教与学的过程，还把教师和学生的心灵紧密联系在一起。①

总之，选择何种可以作为中介媒介的材料，把课程内容呈现给学习者，是课程决策的重要内容。

合肥市磨子潭路小学致力于打造有童气的数学作为课程理念。"童味数学"以童趣为根本出发点，让数学课程内容再现生活场景，散发生活香味，照顾不同儿童的兴趣追求，走进好奇的数学世界自由探索和发现，其中的"童味课堂"善于利用多种课程资源来实现其趣味性、主体性、参与度、发展性、创新性等特点。如利用网络、多媒体光盘等增加数学课程的趣味性，利用图书馆、少年宫等生活中的资源增加数学课程的主体性和参与度，学生在数学实验室中积极探索与发现，使其发展性和创新性得到提高。

（撰稿者：杨清英）

---

① 谢娟娟. 板书——不可忽视的"媒介"[J]. 科学大众（科学教育），2016（04）：63+20.

童味数学：遇见溢香的数学世界

合肥市磨子潭路小学数学组，现有教师6人，其中小学一级教师5人，小学二级教师1人。数学组成员平均年龄39岁，队伍年轻化，均为大专及以上学历。团队教学教研氛围较浓厚，多年来，以教研组为单位，积极发挥集体力量，借助听课、评课，在磨课、赛课等课堂教学实践活动中，每位教师都形成了各具特色的教学风格，数学课堂趣味横生，深受学生们的喜欢。学校依据教育部《关于深化课程改革，落实立德树人根本任务的意见》、《义务教育数学课程标准（2011版）》等文件精神，推进学校数学学科课程建设。

第一节

遇见溢香的数学世界

一、学科性质观

《义务教育数学课程标准（2011年版）》指出："数学课程应致力于实现义务教育阶段的培养目标，要面向全体学生，适应学生个性发展的需要，使得：人人都能获得良好的数学教育，不同的人在数学上得到不同的发展。"[①]"教师教学应该以学生的认知发展水平和已有的经验为基础，面向全体学生，注重启发式和因材施教。教师要发挥主导作用，处理好讲授与学生自主学习的关系，引导学生独立思考、主动探索、合作交流，使学生理解和掌握基本的数学知识与技能，体会和运用数学思想与方法，获得基本的数学活动经验。"[②]

基于以上两点课程基本理念认识，学校认为，数学课程的核心价值是要面向全体学生，适应学生个性发展的需要，以学生的认知发展水平和已有的经验为基础，激发内在学习兴趣，注重启发式和因材施教，引导学生获得基本的数学活动经验和体验，促进学生在情感、态度与价值观等方面的和谐发展。为此，深化打造符合儿童认知规律，贴近儿童生活实际，吸引儿童乐于参与的数学课程是一件重要且有意义的事情。我们试图立体式呈现数学课程的开放性、层次性和多样性，使得数学课程更有儿童味，足够吸引学生获得

---

① 中华人民共和国教育部. 义务教育数学课程标准（2011年版）[S]. 北京：北京师范大学出版社，2012：2.
② 中华人民共和国教育部. 义务教育数学课程标准（2011年版）[S]. 北京：北京师范大学出版社，2012：3.

最充实的个性参与和最丰富的情感体验，让数学世界香味四溢，令每一个儿童都能心向往之。

二、学科课程理念

坚持落实和培养儿童的数学核心素养，坚持立足儿童身心发育特点及认知规律，结合学校数学学科的实际情况，学校提出"童味数学"学科课程的核心理念：让儿童遇见溢香的数学世界。

"童味数学"是儿童愿意切身经历的数学。童味数学尊重儿童数学学习的基本规律，重构数学学习的生活本真情境，从儿童的特有视角出发，引领儿童去探索奇妙无穷的数学世界。童味数学真正帮助儿童获得丰富的数学学习经历，接受数学学习的挑战和考验，享受数学学习过程的惬意和美好，最终能让学习数学的意义生根落地，不断在儿童的身上得到满满沉淀和累积。

"童味数学"是奠基儿童未来和实现儿童自身价值的数学。童味数学滋润儿童的自然成长，激励儿童的自信生成，正确引导儿童学好必备的数学知识与技能，全面发展儿童数学思维与创新能力，最终实现儿童自我发展和成长的价值。

"童味数学"是培养儿童自主情感的数学。童味数学不再是单纯地追求教授书本知识，而是抓住教学最终的落脚点——培养儿童核心数学素养和关键品质，在学习数学的过程中，利用儿童已知生活经验，丰富情感的体验和经历，欣赏和感受数学的独特魅力和作用，自觉地成为数学学习的学习者和传承者。

"童味数学"是赋予儿童童趣童心的数学。童味数学以童趣为根本出发点，让数学课程内容再现生活场景，散发生活原汁香味，最大化满足儿童学习需求，照顾不同儿童的兴趣追求，引领儿童从小遇见香气四溢的数学世界，怀着一分好奇和梦想进行自由探索和发现，敢于、善于主动追求数学真理，并由衷热爱数学这片天和地。

第二节

探索奇妙的未知世界

一、学科课程总目标

《义务教育数学课程标准（2011年版）》指出："通过义务教育阶段的数学学习，学生能获得适应社会生活和进一步发展所必需的数学的基础知识、基本技能、基本思想、基本活动经验；体会数学知识之间、数学与其他学科之间、数学与生活之间的联系，运用数学的思维方式进行思考，增强发现和提出问题的能力、分析和解决问题的能力；了解数学的价值，提高学习数学的兴趣，增强学好数学的信心，养成良好的学习习惯，具有初步的创新意识和科学态度。"[1]

总目标从以下四个方面具体阐述如下（表6-1）。

表6-1　学科课程总目标具体阐述一览表

目标	具体内容
知识与技能	经历数与代数的抽象、运算与建模等过程，掌握数与代数的基础知识和基本技能。 经历图形的抽象、分类、性质探讨、运动、位置确定等过程，掌握图形与几何的基础知识和基本技能。 经历在实际问题中收集和处理数据、利用数据分析问题、获取信息的过程，掌握统计与概率的基础知识和基本技能。 参与综合实践活动，积累综合运用数学知识、技能和方法等解决简单问题的数学活动经验。

---

[1] 中华人民共和国教育部. 义务教育数学课程标准（2011年版）[S]. 北京：北京师范大学出版社，2012：8.

目标	具体内容
数学思考	建立数感、符号意识和空间观念，初步形成几何直观和运算能力，发展形象思维与抽象思维。 体会统计方法的意义，发展数据分析观念，感受随机现象。 在参与观察、实验、猜想、证明、综合实践等数学活动中，发展合情推理和演绎推理能力，清晰地表达自己的想法。 学会独立思考，体会数学的基本思想和思维方式。
问题解决	初步学会从数学的角度发现问题和提出问题，综合运用数学知识解决简单的实际问题，增强应用意识，提高实践能力。 获得分析问题和解决问题的一些基本方法，体验解决问题方法的多样性，发展创新意识。 学会与他人合作交流。 初步形成评价与反思的意识。
情感态度	积极参与数学活动，对数学有好奇心和求知欲。 在数学学习过程中，体验获得成功的乐趣，锻炼克服困难的意志，建立自信心。 体会数学的特点，了解数学的价值。 养成认真勤奋、独立思考、合作交流、反思质疑等学习习惯。 形成坚持真理、修正错误、严谨求实的科学态度。

二、学科课程具体目标

基于上述总目标的要求，依据数学教材、教参和学校实际，现以六年级为例，制定出的六年级课程目标如下（表6-2）。

表6-2 "童味数学"课程六年级目标表

上学期目标	下学期目标
1. 知识技能方面 （1）经历探索和理解分数乘、除法的含义和计算方法的过程，能进行简单的分数乘、除法运算，以及分数四则混合运算；经历与他人交流各自算法的过程，并能表达自己的想法；结合具体情境，理解百分数的意义，会进行小数、分数和百分数的转化。 理解分数乘、除法的意义，掌握分数乘、	1. 知识技能方面 （1）理解比例的意义和基本性质、以及正比例和反比例的意义。在现实情境中，初步感知两种相关联的量的变化规律，理解正比例和反比例的意义。正比例或反比例，能运用文字表达式、表格等方式描述成正比例和成反比例的量；初步认识正比例图像，能在方格纸上画出正比例图像，能根据其中

上学期目标	下学期目标
除法的计算方法,能正确计算分数(不含带分数)乘、除法式题。 　　认识倒数的含义,会求一个数(整数或分数)的倒数。 　　理解比的意义和基本性质,理解比、分数、除法三者之间的关系,会求比的比值或化简比。 　　知道分数四则混合运算的运算顺序与整数相同,能正确计算简单的分数四则混合运算;知道整数的运算律同样适用于分数运算,能应用运算律和运算性质合理、灵活地进行计算。 　　能联系分数的意义理解"求一个数的几分之几是多少"实际问题的数量关系,并能正确进行解答;能列方程解决"已知一个数的几分之几是多少,求这个数"的简单实际问题;能正确解答稍复杂的分数乘法实际问题(不超过两步);会解决按比例分配的实际问题。 　　理解百分数的意义,掌握百分数的读、写方法,能正确进行百分数与分数、小数的互化。 　　能根据百分数的意义,正确解答"求一个数是另一个数的百分之几"(包括求常见的百分率),以及"求一个数比另一个数多(少)百分之几"的实际问题;初步理解税率、利率和折扣的含义,能正确解答有关纳税、利息、折扣等简单实际问题(不超过两步);会列方程解答稍复杂的百分数除法实际问题(不超过两步)。 　　经历与他人交流各自算法的过程,并能表达自己的想法。 　　能应用假设的策略解决一些实际问题。 　　(2) 通过观察、操作,认识长方体、正方体的特征,以及长方体、正方体的展开图;通过实例了解体积(容积)的意义及度量单位,能进行单位之间的换算,感受1立方米、1立方分米、1立方厘米以及1升、1毫升的实际意义;结合具体情境,探索并掌	一个量的值估计另一个量的值。 　　(2) 通过观察、操作和实验,认识圆柱和圆锥的基本特征,认识圆柱的展开图,探索并掌握圆柱的表面积计算方法,以及圆柱和圆锥的体积公式;能利用方格纸按一定比例将简单图形放大或缩小,初步体会图形的相似;能根据物体相对于参照点的方向和距离确定其位置。能用方向和距离描述简单的行走路线,能按要求在平面图上表示物体的位置。 　　联系具体的实例,探索和发现平面图形在放大过程中边长与面积的变化规律,感受探索简单数学规律的一般过程。 　　能根据数据的特点以及解决问题的需要,选择合适的统计图描述数据。 　　能对统计数据进行简单的分析、比较和解释,并作出一些合乎情理的判断,能运用统计知识和方法解决一些简单的实际问题。 　　(3) 通过系统地整理和复习,进一步掌握数与代数、图形与几何、统计与概率等部分的知识和方法,进步明确相关数学知识的内在联系,加深对现实世界中数量关系、空间形式和数据信息的理解,提高运用所学知识和方法解决问题的能力,达到数学课程标准规定的教学要求。 　　进一步理解和掌握整数、小数、分数和百分数的意义,能正确地读数、写数、比较数的大小,会用"四舍五入"法求一个数的近似数,能运用有关数的知识解决一些实际问题;了解负数的意义,能用负数描述现实生活中具有相反意义的量。 　　进一步理解和掌握四则运算的意义和方法,四则混合运算的运算顺序,以及加法和乘法的运算律,知道减法和除法的有关性质,能灵活选择口算、估算、笔算、用计算器计算等不同的计算方式,正确、合理、灵活地进行有关的计算,能运用学过的计算解决一些实际问题。 　　进一步理解方程的意义,了解等式的性

上学期目标	下学期目标
握长方体、正方体体积和表面积的计算方法，并能解决一些相关的实际问题。 掌握长方体、正方体面、棱和顶点的基本特征，认识长方体、正方体的展开图。 理解并掌握长方体、正方体表面积的计算方法，能运用长方体、正方体的表面积计算方法解决一些简单的实际问题。 了解体积（容积）的意义，知道常用体积（容积）单位的含义，正确建立1立方米、1立方分米、1立方厘米、1升、1毫升的空间观念，理解并掌握常用体积（容积）单位的进率，能正确进行相关的单位换算。 理解并掌握长方体、正方体的体积公式，能应用长方体、正方体的体积公式解决一些实际问题。 2. 数学思考方面 （1）在认识比和百分数意义、长方体和正方体的特征，以及体积和容积意义的过程中，进一步感受从具体到抽象的认识过程，发展初步的抽象思维能力，增强数感、符号意识和空间观念。 （2）在探索分数乘、除法、分数四则混合运算的计算方法，比的基本性质，以及长方体和正方体体积公式的过程中，能主动运用已有的知识、经验进行观察和操作，比较和分析、猜想和验证、归纳和类比等活动，进一步发展运算能力，以及初步的演绎推理与合情推理能力。 （3）在应用分数、比、百分数的有关知识，长方体、正方体的表面积和体积的计算方法解决实际问题，以及用假设的策略解决实际问题的过程中，进一步积累解决问题的经验，感受一些基本的数学思想方法，发展分析问题和解决问题的能力，增强解决问题的策略意识。 （4）在探索简单数学规律、解决简单数学问题的过程中，能够合乎逻辑地进行思考，并能清晰、有条理地表达自己的思考过程，进一步培养良好的思维品质。	质，会用等式的性质解一些简单的方程，能列方程解决一些实际问题。 进一步理解和掌握比的意义和基本性质，比例的意义和基本性质，以及正比例和反比例的意义，会求一个比的比值或把一个比化成最简单的整数比，能应用比例的性质解比例，能正确判断两种相关联的量是否成正比例或反比例关系，能应用比和比例的有关知识解决一些实际问题；认识正比例图像，能运用正比例图像进行一些简单的判断和估计。 在初步建立点、线、面、体等概念的基础上，进一步认识角的特征，以及平面内两条直线间的位置关系；进一步认识有关多边形以及圆的特征，正确建立周长和面积的概念，知道常用的长度单位和面积单位，理解和掌握有关平面图形的周长和面积计算方法；进一步认识长方体、正方体、圆柱和圆锥的特征，建立表面积和体积（容积）的概念，知道常用的体积和容积单位，理解和掌握相关立体图形的表面积和体积的计算方法；能运用平面图形、立体图形的有关知识解决一些日常生活中常见的简单实际问题；能辨认从不同方向（前面、右面、上面）看到的物体的形状图。 进一步体会轴对称、平移、旋转、放大、缩小等图形运动的特征；能正确辨别和描述图形运动的不同方式，能在方格纸上画出运动后的简单图形，能运用有关的知识设计简单的图案或解决一些简单的实际问题。 进一步掌握常见的确定物体之间位置关系的方法（包括用数对确定位置、用方向和距离确定位置），能在方格纸或平面图上描述、表示物体的位置，能正确描述简单的行走路线。 2. 数学思考方面 （1）经历探索并理解比例的意义和性质，理解比例尺的意义，以及运用比例的有关知识解决问题的过程，体会不同数学知识之间的联系，进一步积累现实世界的数量关

续 表

上学期目标	下学期目标
（5）在认识长方体和正方体的特征，了解体积（容积）的意义，以及学习常用体积单位的过程中，进一步丰富对现实空间的感知，正确建立1立方米、1立方分米（升）、1立方厘米（毫升）的表象，增强空间观念。 （6）经历探索把一个表面涂色的大正方体切割成若干个小正方体后，不同表面涂色的小正方体个数中所隐含的简单规律的过程，进一步积累探索简单数学规律的经验。 3. 问题解决方面 （1）能从具体的问题情境中发现并提出一些数学问题，并能主动应用所学的分数运算，比、百分数，长方体、正方体的表面积和体积计算方法等知识和方法解决问题，进一步体会数学学习的价值，培养发现和提出问题、分析和解决问题的能力。 （2）在解决求一个数的几（百）分之几是多少，稍复杂的分数、百分数乘法实际问题，有关纳税、利息和折扣的实际问题，以及按比例分配实际问题的过程中，进一步体验画图描述问题的方法以及借助图形直观分析数量关系的过程，初步感受转化的思想方法，发展几何直观，提高综合应用所学知识解决问题的能力。 （3）在列方程解决"已知一个数的几（百）分之几是多少，求这个数"，以及稍复杂的分数、百分数除法实际问题的过程中，进一步掌握列方程解决实际问题的基本思路和方法。 积累列方程解决问题的经验，初步感受方程的思想方法及其价值，感悟模型思想。 （4）在应用分数、比、百分数的有关知识，以及长方体、正方体的表面积和体积计算方法解决简单实际问题的过程中，进一步感受数学知识和方法在日常生活中的广泛应用，发展应用意识。 （5）在应用假设的策略解决实际问题的过程中，进一步增强策略意识和反思意识，	系，发展思维能力。 （2）经历探索并理解正比例和反比例意义的过程，初步感知变量的特点，获得一些从现实问题中抽象出数学模型的经验，发展抽象思维能力，初步感受数形结合的思想方法。 （3）在认识圆柱和圆锥特征的过程中，进一步丰富对现实空间的感知，增强空间观念；经历探索圆柱侧面积和表面积计算方法，以及圆柱和圆锥体积公式的过程，进一步积累观察和操作、比较和分析、抽象和概括、归纳和类比等活动经验，发展初步的合情推理和演绎推理能力。 （4）经历将图形放大与缩小的过程，初步感受图形的相似性，发展动手操作能力，增强空间观念。 （5）经历用方向和距离确定物体位置的过程，进一步积累描述现实空间中物体之间位置关系的经验，培养识图能力、观察能力和有条理地进行表达的能力，发展空间观念。 （6）经历根据解决问题的实际需要收集和整理数据，选择合适的统计图表示数据，对统计数据进行简单分析和比较的过程，进一步积累从纷繁复杂的数据中获取有用信息、发现简单规律的经验，体会数据在表达和分析问题过程中的意义和价值，增强数据分析观念。 （7）经历系统回顾和整理第一、二学段所学习的数学知识和方法的过程，获得对相关数学知识的结构化的认识，更深刻地体会知识间的联系，进一步积累基本的数学活动经验，感受一些基本的数学思想方法，初步建立数感、符号意识，发展运算能力和空间观念。 3. 问题解决方面 （1）在运用比例、比例尺、正比例和反比例、圆柱的表面积计算方法、圆柱和圆锥的体积公式，图形的放大与缩小，确定位

上学期目标	下学期目标
体会解决问题策略的多样性，培养根据实际问题的特点选择相应策略的意识。 （6）在应用所学知识解决实际问题、探索并发现简单数学规律的过程中，增强创新意识和实践能力。 4. 情感态度方面 （1）能积极参与观察、操作、实验、分析、比较、抽象、概括、类比、归纳等数学活动，并能主动与他人合作交流，体验数学活动的乐趣，感受自己在数学知识和方法等方面的收获与进步，增强对数学学习的兴趣。 （2）在探索和理解分数乘、除法的计算方法，比的基本性质，长方体和正方体的体积公式等活动中，进一步感受数学结论的确定性和数学思考的严谨性，获得一些成功的体验，增强对数学的好奇心与求知欲，进一步树立学好数学的信心。 （3）在进行分数运算，求长方体、正方体的表面积和体积，求比值和化简比，进行百分数和分数、小数互化等活动中，进一步培养认真、细心的学习态度，以及发现错误及时订正的良好习惯。 （4）在解决有关分数、百分数、按比例分配，以及长方体、正方体表面积和体积计算等实际问题的过程中，不断增强学数学、用数学的自觉性。 （5）通过阅读"你知道吗"等数学背景资料，进一步拓宽知识视野，感受数学的实际应用价值，体会数学对人类文明发展的作用。	置、扇形统计图等知识解决问题的过程中，进一步发展发现问题和提出问题、分析问题和解决问题的能力，增强应用意识。 （2）在解决有关圆柱和圆锥体积计算，圆柱侧面积和表面积计算等实际问题的过程中，感受通过实验和操作探索数学规律、借助计算器解决问题的价值，体会解决问题方法的多样性。 （3）在探索并发现圆柱、圆锥体积公式的过程中，进一步积累通过"猜想——验证"探索数学规律的经验，体会转化、归纳等数学思想方法；在运用正比例图像解决简单实际问题的过程中，进一步体会数形结合的思想方法对于解决问题的价值，逐步丰富解决问题的方法。 （4）在选择策略解决实际问题的过程中，进一步感受解决问题策略的多样性，增强策略意识和反思意识，培养选择合适策略解决实际问题的意识和能力。 4. 情感态度方面 （1）在探索和理解比例的意义和基本性质，正比例和反比例的意义，圆柱表面积的计算方法，圆柱和圆锥的体积公式，图形的放大与缩小，以及对统计数据进行简单分析的过程中，进一步感受数学思考的严谨性和数学结论的确定性，获得一些学习成功的体验，锻炼克服困难的意志。 （2）在计算圆柱的侧面积和表面积，圆柱和圆锥的体积、解比例、求比例尺，以及运用扇形统计图分析数据的过程中，进一步培养认真审题、细心计算，以及发现错误及时订正的良好习惯。 （3）在运用圆柱的表面积计算方法、圆柱和圆锥的体积公式、比例以及扇形统计图等有关知识解决实际问题的过程中，进一步体验数学的应用价值，感受数学与生活的密切联系，不断增强学数学、用数学的自觉性。

第三节

打造真实的生活体验

"童味数学"课程以儿童特性为起点，建构儿童个性发展需求的课程内容，使儿童遇见和学习更具儿童味的数学，全面获得数学核心素养。我们将基础课程和学科拓展课程进一步合理整合，构建相互补充、相互促进的数学课程体系，进一步适应学生数学发展的新需求。为了实现上述"童味数学"课程目标，学校建立如下"童味数学"课程框架。

一、学科课程结构

依据《义务教育数学课程标准（2011年版）》各学段四个部分的课程内容："数与代数""空间与几何""统计与概率""综合与实践"，"童味数学"课程设置为四大类别，即："童味运算""童味空间""童味统计""童味实践"，其课程结构图如下（图6-1）。

下图中，各板块课程具体描述如下：

（一）"童味运算"

"童味运算"是"数与代数"这个课程领域相关联的课程，包含数运算、数巧算及趣味运算游戏等内容。开设的课程有"奇妙数字""口算小行家""计算小能手""妙算除法""巧用运算律""数字故事会"等。

（二）"童味空间"

"童味空间"是"空间与几何"这个课程领域相关联的课程，内容是图形拼搭、图形创意与设计、图形展示、图形奥秘等。开设的课程有"巧手分类""规律画图""躬耕乐园""奇妙的角""七彩世界""百变图

图 6-1 "童味数学"课程结构图

形"等。

（三）"童味统计"

"童味统计"是"统计与概率"这个课程领域相关联的课程，内容是数据的收集、整理、分析和应用，感受简单的概率事件及统计的科学方法，利用统计解决生活中的一些实际问题。开设的课程有"数多少""抛币实验""环保小达人""班级联欢会"等。

（四）"童味实践"

"童味实践"是"综合与实践"这个课程领域相关联的课程，内容是创设具体的生活情境，给予学生经历与探究的体验，获得对数学世界的深刻认知。开设的课程有"数的大小""小小法官""多彩的分数条""斜坡奥秘""算24点""等你发现"等。

二、学科课程设置

"童味数学"课程设置如下所示（表 6-3）。

表 6-3 "童味数学"课程设置表

年级/学期	课程类别 内容	童味运算	童味空间	童味统计	童味实践
一年级	上学期	奇妙数字	巧手分类	数多少	数的大小
	下学期	单数双数	规律画图	规律填数	小小法官
二年级	上学期	口算小行家	图形奥秘	环保小达人	购置年货
	下学期	秒杀口算题	我与平面图	生活小调查	测定方向
三年级	上学期	计算小能手	躬耕乐园	我的收获	多彩的"分数条"
	下学期	有趣乘法	面积测量	趣味数学报	巧算"24"点
四年级	上学期	妙算除法	奇妙的角	抛币实验	斜坡奥秘
	下学期	巧算小行家	探秘多边形	计算器探秘	小设计师
五年级	上学期	校园与面积	七彩世界	班级联欢会	数据分析师
	下学期	数字故事会	百变图形	玩转数学	等你发现
六年级	上学期	数学高手	"圆"的世界	消费达人	活学活用
	下学期	心机妙算	益智魔方	成长记	旅游小达人

第四节

构建有趣的数学样态

数学学习不仅是一个主动的、个性的过程,还是一个生动的、开放的过程。鉴于此,数学课程的实施要符合学生的认知规律,贴近儿童的生活本真,从而更有利于儿童体验与理解、思考与探索。数学课程教学组织需要重视经验、重视过程,更需要重视探究、重视获得。学习数学的重要方式自然离不开动手实践、自主探索与合作交流,这决定了科学的课程实施,必然要为学生创造足够多的时间和空间,帮助和引导学生去经历必经的过程。为此,依据"童味数学"课程理念、学科性质、课程目标、课程设置,结合学校校情及师生特点,从"童味课堂""童味节日""童味实践"三方面进行课程实施与评价。

一、构建"童味课堂",让"教"和"学"美美与共

(一)"童味课堂"的实践与操作

多年来,学校秉承新优质"三爱教育"理念,数学学科持续深化打造"爱的课堂",历经长期的课堂教学实践与积淀,构建出了有情有趣的课堂样态,全新的课堂教学形态自然生成。现阶段,在巩固和传承新优质创建成果的同时,学校数学课堂全面创新升级,向着建设更有质量的"童味课堂"努力实践。

1. "童味课堂"主要体现"童心童性、尊重赏识;童真童趣、自由获得;童知童味,个性发展"的新时期数学课堂文化核心,坚持体现课堂"趣味性、儿童性、参与性、发展性、创新性"为一体,让儿童在数学学习中不

断获得前行的智慧和力量。

2. "童味课堂"四环节主要素。即：一是创设童真情境，激发童心童趣。二是童言善诱，躬身力行，自由探究。三是主动获得，童性分享。四是拓展延伸，童味体验。

（二）"童味课堂"的评价要求（表6-4）。

表6-4 "童味课堂"教学评价表

学校		班级		学科	
执教者		课题			
项目维度		评价内容			评价分数
教学目标（15分）	科学性（5分）	体现认知、情感、技能的有机结合			
	针对性（5分）	从教材、学生和实际出发			
	童味性（5分）	适合不同层次学生的发展需求			
学生行为（30分）	趣味性（10分）	全体参与、学习专注、兴趣浓厚			
	个体性（10分）	自主活动、主动探究、学会学习			
	创造性（10分）	思维活跃、情绪高涨、举一反三			
教师行为（30分）	科学性与思想性（10分）	观点正确、表达准确、结构优化、重点突出			
	多样性与实效性（10分）	方法多样、恰当有效、实际出发、创意新颖			
	启发性与艺术性（10分）	善于启发、精干引导、注重示范、应变灵活			
教学效果（25分）	目标的理解与掌握（10分）	教学任务基本完成，学生能当堂掌握			
	智能的训练与发展（10分）	学生的思维被激活，想象被激发			
	情意锻炼与习惯培养（5分）	情感得到提升、意志得到锻炼、习惯得到培养、兴趣得到发展			
评价结果	优秀：90分以上；良好：85~89分；合格：84~70分；不合格：70分以下			总评分数	

二、创设"童味节日"，促进数学核心素养落地

"童味节日"是学校数学学科的传统活动，活动以数学游戏为载体，让

儿童"融入生活，享用数学，体验童趣"，为儿童搭建展示个体聪颖智慧的数学和用数学的互动平台。

（一）"童味节日"的实施与操作

每学期组织一次，分别安排在上半年的 6 月份和下半年的 12 月份，以"躬耕游园"为主题，设计相关数学游戏活动，利用年级为单位展开分组活动。同时，邀请部分学生家长志愿者、大学生志愿者参加节日活动。"童味节日"活动内容具体安排如下（表 6-5）。

表 6-5　"童味节日"活动内容一览表

年级	活动内容	活动规则
一年级	乾坤大挪移	学生随机抽取任务编号，在规定时间内完成相应任务，每人两次机会，两次失败，自动淘汰。用时最少获胜。
二年级	智拼图形	学生随机抽取任务编号，在规定时间内完成相应任务，每人两次机会，两次失败，自动淘汰。用时最少获胜。
三年级	一笔妙画	一次性不重复地画出所有线条，完成给定图形。用时最少获胜。
四年级	大内密探	两组对抗。两名队长到裁判员处抽取题目，两组队员间隔列队，抽到题目的同学将获得的信息，传递给本组队员，注意不要让对方组员听到。最后一名队员将本组的最终答案写在纸板上，将猜到的对方的答案写在纸板下方。写对一个字十分，猜对对方答案的，每写对一个字，则扣对方十分。得分多的队伍获胜。
五年级	疯狂 24 点	分组对抗，双方各派六名队员上场抽取扑克牌，每人一张。由本组队员在一分钟内完成速算 24 点（任意抽取其中的 4 个数字），并写出算式，式子写得多的一方获胜。
六年级	记忆大咖	桌面上摆放 16 张卡片，内容为八组不同的图案、图形（或者扑克牌），每种图案有两张，随机摆成 4 行×4 列，闯关者在给定时间内记忆每张图案的位置，然后将图案翻过来，顺时针旋转桌面 90 度，闯关者开始翻牌，随机翻开第一张，必须找出相应的另一张图片，然后翻第二组、第三组直至翻开全部图案，闯关成功。闯关期间每失误一次，桌面按顺时针方向旋转 90 度。连续三次失误，则闯关失败。

（二）"童味节日"的评价要求

1. 评价总要求。

关注过程性评价，主要依据学生活动表现、任务完成情况、参与积极性、团队合作能力、自我体验和反思等方面进行科学全面客观公正的评价。评价方式以自评、互评、师评为主。

2. 评价维度测量表如下（表6-6）。

表6-6 学生评价量表

评价人＼评价内容	认真参与	善于合作	主动探究	团结协作	成果与分享
班级：		姓名：		时间：	
自我评价	☺☺☺	☺☺☺	☺☺☺	☺☺☺	☺☺☺
同伴评价	☺☺☺	☺☺☺	☺☺☺	☺☺☺	☺☺☺
教师评价	☺☺☺	☺☺☺	☺☺☺	☺☺☺	☺☺☺

三、聚焦"综合与实践"，构建"童味数学"主题实践活动项目，发展数学综合运用能力

（一）实践活动项目的设计与操作

1. 实践活动的导向。数学实践活动坚持"数学问题生活化，生活问题数学化，实践活动儿童化"的项目理念，努力构建数学学习生活场景，引导学生回归真实生活，精准架设生活世界与数学世界的桥梁，舒适体验数学学习的方式和价值。

2. 实践活动的设计。数学实践活动项目的选择与设计，充分体现研究性、探究性、创造性，重视学科的特点性、地方性和创新性，突出以探究性学习和开放式学习为主，整合拓展和丰富学生实践空间，不断提升数学实践研究和应用能力。

3. 实践活动的内容。数学实践活动的具体内容安排上，数学实践活动项目注重其趣味性、多样性、延伸性和体验性，设置数学动手做、数学小论文、数学学具小发明、数学微讲堂、躬耕小课堂、数学小制作、数学小画报等特色板块。

（二）实践活动项目的评价要求

数学实践活动项目的评价实行多元评价，以老师评价、家长评价、学生自评互评相结合，关注学生自主参与、合作探究、成长体验。具体评价工具如下（表6-7）。

表6-7 数学实践活动评价量表

班级：	姓名：	时间：		
评价内容	评价要素	评价结果		
		自评	互评	师评
参与态度	有比较浓厚的参与兴趣，能认真参与并完成活动			
创新实践	能提出解决问题的方法及合理化建议，积极发挥个人特长			
协作精神	服从安排，团结组内成员，互相帮助，共同进步			
个人体验	参与活动有一定的收获，知道有待努力的地方			
备注： A等，五颗星； B等，四颗星； C等，三颗星； D等，两颗星及以下				

综上所述，基于《义务教育数学课程标准（2011版）》，学校"童味数学"秉承"让儿童遇见溢香的数学世界"这一学科课程理念，准确定位该学科课程目标，以培养儿童数学学习的兴趣为基点，引领儿童有智慧有勇气"探索奇妙的未知世界"。通过合理架设学科课程结构，科学设置学科课程内容，给儿童"打造真实的生活体验"。我们不断完善课程实施与评价，和谐构建有趣的数学样态，用童心陪伴儿童一起走进有童气的数学世界，一起发现童味数学世界的那份真和美。

（撰稿者： 丁圣勇 许军 骆之宏）

第七章

基于课程评价的决策

课程评价决策是对正在进行中的学习进展情况或者程度以及类型等作出判断评价，并确定进行这种评价的目的或意义是什么，是课程决策的关键环节。运用的评价方法有：多主体进行评价、从多元化视角进行评价、重过程的评价。建立有助于促进学生发展，有助于教师反思与提高，有助于实现课程改革的目标的评价模式，是基于课程评价的决策之核心。

课程评价的决策，是对正在进行中的学习进展情况或者程度以及类型等作出判断评价，并确定进行这种评价的目的或意义是什么，是课程决策的关键环节。《义务教育数学课程标准（2011年版）》指出"评价的主要目的是全面了解学生数学学习的过程和结果，激励学生学习和改进教师教学。评价不仅要关注学生的学习结果，更要关注学生在学习过程中的发展和变化。应采用多样化的评价方式，恰当呈现并合理利用评价结果，发挥评价的激励作用，保护学生的自尊心和自信心。通过评价得到的信息，可以了解学生数学学习达到的水平和存在的问题，帮助教师进行总结与反思，调整和改进教学内容和教学过程。"① 基于以上要求，可以运用以下评价方法：

1. 多主体进行评价。课堂评价把学校评价作为基础环节，辅之以学生、社会、家庭等全方位的评价。以是否激发师生的创造力、调动师生教学积极性为标准，从课堂设计、授课方式、使用教具、学生反应、课堂效果等多个角度来进行评价。

2. 从多元化视角进行评价。倡导评价主体多元化、评价内容多元化、评价方式多元化，将形成性评价与总结性评价有机结合起来，以增强评价的有效性与准确性。评价体系的多元化处理既是对学习结果的一种鉴定，又是对学生数学学习习惯、学习素养、学习兴趣乃至自身发展的一种支持。所以，多元化的处理小学数学的课堂评价在新课标实施的背景和学情发生变化的前提下十分重要。

3. 重过程的评价。新课程倡导发展性评价，而发展性评价的本质是促进学生的发展，促进学生潜能、个性、创造性的发挥，使每一个学生具有自信心和持续发展的能力。这就要求教师在教学中要通过引导、讨论、合作等方式，及时了解学生在学习中遇到的问题，用发展的眼光来评价儿童，善于发现儿童的闪光点并给予及时的肯定和鼓励，这也是学生持续发展的力量源泉。

小学数学课程评价应当遵循课程改革的基本理念，建立有助于促进学生发展，有助于教师反思与提高，有助于实现课程改革总体目标的评价模式与

---

① 中华人民共和国教育部. 义务教育数学课程标准（2011年版）[S]. 北京：北京师范大学出版社，2012：52.

方法。注重培养学生创新意识和创新能力，注重激励、尊重学生多样性的思维方式，注重加强数学学习和现实生活的联系，真正让学生成为学习的主人，真正关注学生的情感体验，能够体现教学目标的弹性，这些都是我们在决策时要考虑的问题。

课程评价是一个复杂的系统工程，选用什么评价方法、运用什么策略进行评价，关系到课程决策的走向，值得进一步研究和探讨。

合肥市十里庙小学建构的"灵动数学"课程，从研课标、研课堂、研反馈、研技术几个方面展开，特别注重对课程的评价。指出评价应以课程标准和理念为依据，以知识与技能、过程和方法、情感态度价值观为维度，实现对教师的"教"和学生的"学"过程和结果的全面了解。采用质性评价和量性评价相结合的方式，全面评价学生在学习过程中的综合表现。从以下五个方面进行评价：对知识和技能的评价、对过程和方法的评价、对情况态度的评价、评价主体的多元化和评价方式的多样化、恰当地呈现和利用评价结果、最后合理设计与实施多元测评。

（撰稿者：杨清英）

灵趣数学：点燃儿童思维的火花

合肥市十里庙小学数学学科教研组共有数学教师12人，其中一级教师9人，二级教师2人；蜀山区数学骨干教师1人；师资队伍优良，结构合理，多次在市区各级优质课、基本功大赛中获奖。依据教育部《关于深化课程改革，落实立德树人根本任务的意见》《中共中央国务院关于深化教育教学改革全面提高义务教育质量的意见》及《义务教育数学课程标准（2011版）》等文件精神，推进学校数学学科课程群建设。

第一节

点燃儿童思维的火花

一、学科价值观

"数学是人类文化的重要组成部分。数学素养是现代社会每一个公民应该具备的基本素养。""义务教育阶段的数学课程是培养公民素质的基础课程,具有基础性、普及性和发展性。"[1]

根据《辞海》解释,"灵"指"好","趣"有"主动获得之意,有快乐、分享的味道"。可见,"灵趣"一词可理解为"活力、有趣"。

数学是始终充满活力的人类知识领域,基于此理解提出了合肥市十里庙小学"灵趣数学"学科课程群的价值观。

通过"灵趣数学"课程的实施,点燃儿童思维的火花,让数学教育真正触及儿童的内心和灵魂,激发儿童的内在潜力,从而实现自我成长。

二、学科课程理念

《义务教育数学课程标准(2011版)》指出:"面向全体学生,适应学生个性发展的需要,使得人人都能获得良好的数学教育,不同的人在数学上得到不同的发展。"[2]

学校秉承"灵趣数学"学科理念,把育人为本作为学校数学教育的根本

---

[1] 中华人民共和国教育部. 义务教育数学课程标准(2011年版)[S]. 北京:北京师范大学出版社,2012:1.
[2] 中华人民共和国教育部. 义务教育数学课程标准(2011年版)[S]. 北京:北京师范大学出版社,2012:2.

要求，以尊重学生的主体地位和主动精神为立足点，以培养学生思维灵活性为目的，激发学生积极向上的天性为核心，促进学生富有乐趣的个性成长，为未来成才打下扎实的基础。

1. "灵趣数学"是基础的数学。灵趣数学课程内容的安排，严格执行课程标准，夯实学科基础；尊重个体差异，着重建立学生现有水平和需要达成目标的联系；尊重学生已有生活经验所孕育的"童真"思想或彰显个性的"奇思妙想"，尽可能满足每一个学生数学学习的不同需求，为成长提供知识的养分。

2. "灵趣数学"是思考的数学。数学思考是数学教学中最有价值的行为，教学中完成数学模型的建立、知识巩固、技能强化，但脱离了数学思考，都显得乏味。问题基于思考、发现基于实践、感悟数学本质。"灵趣数学"培养学生掌握一般思考方法，探索知识的本质属性和内在联系，从不同角度和不同方面进行思考，为以后的学习发展打好基础。

3. "灵趣数学"是探索的数学。数学学习是一个富有个性特征的过程，"自主探索"是数学学习的重要方式之一。"灵趣数学"从数学学科特点和学生的认知规律出发，将数学知识和相应的探究过程结合起来，形成灵活的数学学科认知结构。

4. "灵趣数学"是实践的数学。数学实践活动，为学生获取数学活动经验提供可能，小学生在自主探索的实践活动中，检验自己知识掌握程度以及应用能力，激发创造力，获得解决问题的成就感，为后续学习提供动力。灵趣数学以"实践活动促进学生良好个性成长"为教育观，让实践成为学生融合知识技能、操作技能、协调能力的主阵地，通过实践参与获取的全过程，完成知识内化。

5. "灵趣数学"是创新的数学。数学是一门极富启迪学生心智、培养创新能力的课程。创新能力是教育的出发点和学习的归宿。"灵趣数学"是教师在数学活动中挖掘每一个学生潜在创新能力的过程，是培养和促进学生创新能力发展的桥梁。

第二节

助力儿童探索的趣味

《义务教育数学课程标准（2011版）》中指出："义务教育阶段的数学课程是培养公民素质的基础课程，具有基础性、普及性和发展性。数学课程能使学生掌握必备的基础知识和基本技能，培养学生的抽象思维和推理能力，培养学生的创新意识和实践能力，促进学生在情感态度与价值观等方面的发展。"[1]

一、学科课程总目标

《义务教育数学课程标准（2011版）》强调了数学课程本质，"四基"拓宽数学课程目标，"核心概念"培养数学基本素养，"两种能力"发展学生数学思维。总目标从以下四个方面具体阐述（表7-1）。

表7-1 学科课程总目标[2]

目标	具体内容
知识技能	经历数与代数的抽象、运算与建模等过程，掌握数与代数的基础知识和基本技能。 经历图形的抽象、分类、性质探讨、运动、位置确定等过程，掌握图形与几何的基础知识和基本技能。

---

[1] 中华人民共和国教育部. 义务教育数学课程标准（2011年版）[S]. 北京：北京师范大学出版社，2012：1.

[2] 中华人民共和国教育部. 义务教育数学课程标准（2011年版）[S]. 北京：北京师范大学出版社，2012：4.

续　表

目标	具体内容
	经历在实际问题中收集和处理数据、利用数据分析问题，获取信息的过程，掌握统计与概率的基础知识和基本技能 参与综合实践活动，积累综合运用数学知识、技能和方法等解决简单问题的数学活动经验。
数学思考	建立数感、符号意识和空间观念，初步形成几何直观和运算能力，发展形象思维与抽象思维。 体会统计方法的意义，发展数据分析观念，感受随机现象。 在参与观察、实验、猜想、证明、综合实践等数学活动中，发展合情推理和演绎推理能力，清晰地表达自己的想法。 学会独立思考，体会数学的基本思想和思维方式。
问题解决	初步学会从数学的角度发现问题和提出问题，综合运用数学知识解决简单的实际问题，增强应用意识，提高实践能力。 获得分析问题和解决问题的一些基本方法，体验解决问题方法的多样性，发展创新意识。 学会与他人合作交流，初步形成评价与反思的意识。
情感态度	积极参与数学活动，对数学有好奇心和求知欲。 在数学学习过程中，体验获得成功的乐趣，锻炼克服困难的意志，建立自信心。 体会数学的特点，了解数学的价值。养成认真勤奋、独立思考、合作交流、反思质疑等学习习惯。形成坚持真理，修正错误、严谨求实的科学态度。

二、学科课程年段目标

在课程总目标的指引下，根据教材、相关教学用书以及学校实际，拟定了"灵趣数学"课程年级目标。这里以一年级为例（表7-2）。

表7-2　"灵趣数学"课程一年级目标表

上学期目标	下学期目标
第一单元《数一数》：初步学会数出个数在10以内的物体或人。 第二单元《比一比》：初步认识长短、高矮、轻重的含义。	第一单元《20以内的退位减法》：理解20以内退位减的计算方法。 第二单元《认识图形（二）》：初步体会面和体的关系，发展初步的空间观念。

上学期目标	下学期目标
第三单元《分一分》：初步学把一些物体按一定标准进行简单的分类。 第四单元《认位置》：在具体情境中体会上下、前后、左右这几种常见的位置关系。 第五单元《认识10以内的数》：理解10以内每个数的含义，会读、写0—10各数；掌握10以内数的顺序，能够区分几和第几；理解"同样多"和"多""少"的实际意义，会用一一对应的方法比较物体的多少，认识符号＝、＞和＜。 第六单元《认识图形（一）》：通过辨认实物、操作活动，直观感知长方体、正方体、圆柱和球的主要特征。 第七单元《分与合》：理解并掌握10以内数的分与合。 第八单元《10以内的加法和减法》：初步体会加法和减法的含义；能熟练计算10以内的加法和减法；能正确计算10以内的连加、连减和加减混合式题。 第九单元《认识11—20各数》：11—20各数会正确读、写，知道其组成；掌握20以内数的顺序，会比较大小；能正确口算10加几和相应的减法。 第十单元《20以内的进位加法》：理解20以内进位加法的计算方法，正确进行口算，逐步达到一定熟练程度。 第十一单元《期末复习》：进一步巩固本学期学到的知识。	第三单元《认识100以内的数》：知道100以内的数的组成；认识个位、十位和百位，知道数位上的数所表示的意义。 第四单元《100以内的加法和减法（一）》：能比较熟练地口算整十数加、减整十数，两位数加、减不进位加法和不退位减法，会笔算相应的加减法。 第五单元《元、角、分》： 1. 认识各种面值的人民币，知道元、角、分是人民币的单位，知道元、角、分之间的换算方法。 2. 发展数学应用意识，获得积极的情感体验。 第六单元《100以内的加法和减法（二）》： 1. 进一步掌握两位数与一位数进位加、退位减法的口算方法，能比较熟练地进行口算。 2. 理解并掌握"满10进1"和"退1作10"的思考过程，能正确笔算100以内的两位数加、减两位数的进位加法与退位减法。 3. 初步感受数学思考的严谨性。 第七单元《期末复习》： 1. 进一步巩固本学期学到的知识。 2. 培养分析问题、解决问题的能力；获得成功的体验。

总之，学校将秉承"灵趣数学"的学科理念，围绕数学课程总目标和各年级目标，发展学生数学学科核心素养、扎实"四基"，培养具有较强能力、科学态度的学生。

第三节

培养学以致用的能力

为了实现上述课程目标，依据《义务教育数学课程标准（2011版）》，我们建立"灵趣数学"课程框架。"灵趣数学"课程群设立了基础课程和特色课程，用生动活泼的数学活动为载体，促进学生掌握学科知识技能的同时，又满足个性化学习需求。让学生经历思考、实践、探索与交流的学习过程，培养学生综合能力和创新意识。

一、学科课程结构

根据《义务教育数学课程标准（2011版）》及小学生身心发展规律，结合学校"灵动数学"课程性质与理念，学校数学组拟定了"灵趣数学"学科课程框架，包含"灵趣运算""灵趣图形""灵趣统计""灵趣实践"四大类别，具体课程结构如下（图7-1）：

下图中，各板块课程具体描述如下：

（一）"灵趣运算"

内容为数的认识和运算及相应的数学活动等。开设的课程有"计算小能手""估估算""乘乘除除""巧用运算律""简易方程我最行""'数'你有形"等。"灵趣运算"课程的开发，旨在学生数感的建立，学生运算能力的提高，培养学生的学习兴趣。

（二）"灵趣图形"

内容为平面图形和立体图形的基本认识，图形的分类和相关的度量，图形的运动等。开设的课程有"火眼识图形""量一量，比一比""对称之美"

图 7-1 "灵趣数学"课程结构图

"形、体变幻""面面俱到""我是设计师"等。"灵趣图形"课程的开发，发展了学生的空间观念，丰富了学生的想象力，体验到图形的魅力。

（三）"灵趣统计"

内容为对数据进行收集、整理和描述，通过数据进行简单推断，简单了解随机事件发生的概率。开设的课程有"整理我最棒""小小调查员""我的时间我做主""摸球游戏""校园的绿化面积""球的反弹高度""美中有'术'""深'图'远算"等。"灵趣统计"课程的开发，旨在让学生按照实践调查、收集整理、统计分析、判断推理的顺序，体会统计的意义及在生活中的价值。

（四）"灵趣实践"

内容是以学生积极参与为主的实践活动。开设的课程有"硕果累累""购物小达人""巧用七巧板""测方向""多彩分数条""你点我算""身体密码""数字揭秘""了解周围的家庭""蒜叶的生长""家庭小会计""变幻可'测'"等。"灵趣实践"课程的开发，旨在于培养学生学以致用的综合能力。

二、学科课程设置

"灵趣数学"在不同的年级开设相应的课程内容，通过基础课程实现学生基本数学素养的培养，通过特色课程促进学生思考、探究、实践、创新等能力的提升。课程设置如下（表7-3）：

表7-3 "灵趣数学"学科课程设置表

学期	课程	灵趣运算	灵趣图形	灵趣统计	灵趣实践
一年级	第一学期	认数小行家	火眼识图形（一）	整理我最棒	硕果累累
	第二学期	计算小能手	火眼识图形（二）	无	购物小达人
二年级	第一学期	小小神算手	观察物体	无	巧用七巧板
	第二学期	估估算	量一量，比一比	小小调查员	测方向
三年级	第一学期	计算达人	对称之美	无	多彩分数条
	第二学期	乘乘除除	"面面"俱到	我的时间我做主	你点我算
四年级	第一学期	计算大王	角的分类大PK	摸球游戏	身体密码
	第二学期	巧算高手	巧手画高	无	数字揭秘
五年级	第一学期	我是神算手	做小小设计师	校园的绿化面积	了解周围的家庭
	第二学期	简易方程我最行	最美的图形	球的反弹高度	蒜叶的生长
六年级	第一学期	"数"你有形	形、体变幻	美中有"术"	家庭小会计
	第二学期	稳操胜"算"	我是设计师	深"图"远算	变幻可"测"

第四节

领略数学文化的魅力

数学课程目标中数学知识与技能、数学思考、问题解决和情感态度等四个方面的基本要求,是由每一节课的精准实施逐步实现的。为此,数学课程从建构"灵趣课堂"、倡导"灵趣学习"、开展"灵趣游戏"、推广"灵趣珠算"、开设"灵趣数学节"等方面进行实施。

一、建构"灵趣课堂",提升数学课程品质

建设符合我校数学学科实际的"灵趣课堂",主要包括基本要求和评价要求两个方面。

(一)"灵趣课堂"的基本要求

"灵趣课堂"应具有数学味,创设彰显数学特色的育人环境,打造生动活泼的、探索的、实践的和富有创造力的数学课堂,从而点燃学生思维的火花,提升学生的数学核心素养。

打造"灵趣课堂"需要课程有魅力,课堂有灵气。教学思路有创新,细节显功夫,语言有感染力。学生能在宽松、向上的学习环境中,充分思考、充分展示,让学生成为课堂的主人,在探索中体验成功。为了构建"灵趣课堂",学校拟从四个方面展开。

首先,研课标。细化课程标准,搭建交流平台,营造教研氛围,为实现灵趣课堂的突破和创新提供依据。

其次,研课堂。加强课堂中教师有效教学、学生高效学习、课堂互动、课堂生成、课堂评价的研究,促进教师专业水平和学生学习品质的提升。

再次,研反馈。针对学生学习过程中反馈的情感态度、学习质量,构建评价体系,设计课后活动内容,达到学生不同程度的自我发展和完善。

最后,研技术。凸显现代信息技术在教学中服务功能,优化教学。促进教师教育理念革新、教学技能提升,更好的服务课堂。

(二)"灵趣课堂"的评价标准

"灵趣课堂"是教师对课程标准的把握是精准的,对教材的理解是通透的,对课堂教学是有个性的。"灵趣课堂",是学生为主体,基于学生的自然成长、个体差异,设置分层目标,实现每个学生的知识满足和自我成长。

1. 评价理念。评价应以课程标准和理念为依据,以知识与技能、过程和方法、情感态度价值观为维度,实现对教师的"教"和学生的"学"过程和结果的全面了解。采用质性评价和量性评价相结合的方式,全面评价学生在学习过程中的综合表现。

2. 评价目标。通过课堂评价,加深教师对"灵趣课堂"的深入理解,优化课堂教学,实现教师的专业成长。激励学生的学习信心,矫正错误,改进方法,实现学生可持续发展。

3. 评价内容。(1)对知识和技能的评价。以学段的具体目标和要求为标准,考查学生的理解与掌握程度。准确把握"了解、理解、掌握、应用"等不同层次的要求,以定性和定量相结合的方式进行评价。(2)对过程和方法的评价。重视在教学过程和具体问题情境中的评价,依据"经历、体验、探索"不同层次的要求,采用灵活多样的评价方法。(3)对情感态度的评价。采用课堂观察、课后访谈等方式进行,了解学生情感态度的状况及变化,逐步达到学生自我完善、自我肯定的动态评价过程。(4)评价主体的多元化和评价方式的多样化。教师、家长、同伴、自身及重要他人等为评价主体,做到评价主体的多元化;教师评价、家长评价、同伴互评、学生自评、重要他人评价等都可以作为对师生教与学的全面考查。(5)用恰当的方式呈现评价结果。评价结果需尊重学生隐私、方式多样且灵活。对学生的评价结果是正面且向上的,更多关注进步与提升、潜力与不足等等,让学生能够通过评价结果肯定自我,促进学生的自我发展。(6)合理设计与实施多元测评。测评方式应根据课程标准、学段内容而设定,符合学生实际,具有可操作的多样方式进行。书面测评是重要方式之一,有信度和有效度的书面测评有助于全面反馈学生数学学习成果，便于师生共同查漏补缺、自我反思，提高增强教与学的成效。

根据"灵趣课堂"的基本要求，达到有效提高课堂教学效率，增强学生学习效果，形成课堂评价标准（表7-4）。

表7-4 "灵趣课堂"教学评价标准

学科：_____ 授课教师：_____ 课题：_____
年级：_____ 班级：_____ 时间：___年___月___日

评价类别	评价内容	完成情况
教育理念	1. 关注学生数学学习能力的培养，良好的学习习惯的养成。 2. 坚持以学生为主体，关注学生的可持续性发展。	
教学目标	1. 目标符合课程标准要求并具有课程特点。 2. 符合教材特点、学生实际。	
教学内容	1. 依据课程标准和教学目标，尊重教材，创造性地使用教科书。 2. 教材处理无思想性、科学性错误。 3. 准确把握教学重难点，抓住学生成长的关键点。	
教学活动	1. 创设符合学生特点的情境。 2. 提供丰富的学习资源。 3. 鼓励、引导学生自主探究。 4. 鼓励学生质疑、猜测、验证、反思。 5. 教师引导、组织学生开展学习活动。 6. 多元评价。 7. 检测形式多样、内容分层。 8. 注重良好的学习习惯的培养和形成。	
教学效果	1. 学生思维活跃，注意力集中，积极参与数学学习全过程。 2. 学生主动经历探究过程，获得良好的数学活动经验。 3. 不同层次的学生有不同的收获，实现教学目标。	

二、倡导"灵趣学习"，发展学生数学核心素养

（一）"灵趣学习"的建设路径

基础课程和特色课程是"灵趣学习"共同架构的载体。基础课程强调学科基础知识和基本技能的掌握程度，特色课程主要指与数学学科课程内容相关的实践性、探究性课程，是基础课程的拓展与延伸、应用与整合，点燃思

维的火花，为学生的可持续性发展提供可能。

具体结构见第三节"培养学以致用的能力"。

（二）"灵趣学习"的评价要求

特色课程是在学生生活经验和学习经验基础上、富有学校特色的课程，更强调学生的善于思考、乐于探究、勇于实践、敢于创新，为学生全面、持续、和谐发展搭建平台。

为保证"灵趣学习"持续、深入开展，制定以下评价标准。课程目标符合课程标准；内容符合学生心理特征、认知水平；设计有特色；形式灵活多样。课程实施：制定实施计划，撰写教学设计，按课表上课，定期考核、反馈，注意保留相关资料。课程评价：教学评价多元化。以平等、肯定、发展的眼光，综合评价教与学。看过程，是否具有积极主动、富有创造性。看结果，是否达到预设目标。

三、开展"灵趣游戏"，感受数学文化魅力

《义务教育数学课程标准（2011版）》指出，在经历具体的"综合与实践"的过程中，引导学生体验发现、解决问题，逐步积累和运用数学经验。而古老的智力游戏和古典益智玩具可以把数学和游戏结合起来，让数学学习"动"起来，提高学生动手操作能力、开发智力。开设"灵趣游戏"课程的主要目的是把传统智趣游戏和数学知识相融合，学生学到数学知识和技能的同时，体验到数学思维方式和方法带来的乐趣。

（一）"灵趣游戏"的实施

一年级开设"七巧板"和"益智图"课程。七巧板是由七块板组成的，结构简单、操作简便，可拼出多种图形和图案，益智图比七巧板更加精巧奥妙。"七巧板"和"益智图"课程符合一年级学生的年龄特征，培养学生的观察力、想象力、分析及创意等综合能力。

二年级开设"华容道"和"鲁班锁"课程。"华容道"属于滑块类游戏。鲁班锁，起源于古代中国建筑的榫卯结构，结构巧妙、类型较多、易拆难装。"华容道"和"鲁班锁"课程，可以灵活手指，锻炼学生的思维，开发大脑。

三年级开设"九连环"和"巧环"课程。九连环是用九个圆环相连成

串，以解开为胜。巧环是用金属丝做成各种美丽的图形，有基架、圆环、框柄等部分，用一定的方法、按照一定程序反复操作，使其中的框柄或某个圆环解套出来，然后又用相反的步骤套进去。"九连环"和"巧环"可以培养学生手指的灵活性，促进学生逻辑思维能力的发展以及学习的专注力和耐心。

四年级开设"数独"课程。数独是利用逻辑和推理进行填数的游戏。数独可以锻炼学生逻辑思维的灵活性，增进推理能力，帮助学生建立排列组合的概念。

五六年级开设"数学故事"课程。用看、说、画、演等多种形式展现，提升学生的综合素质。

具体安排（表7-5）。

表7-5 "灵趣游戏"课程设置表

年级	学期	实施课程
一年级	上	七巧板
	下	益智图
二年级	上	华容道
	下	鲁班锁
三年级	上	九连环
	下	巧环
四年级	上、下	数独游戏
五年级	上、下	数学故事
六年级	上、下	数学故事

通过"灵趣游戏"课程设置，以游戏为载体，锻炼学生操作能力、推理能力、创新能力，开发智力。通过"灵趣游戏"课程的开展，体验传统文化，增强文化自信，激发民族自豪感，培养爱国主义情怀。

（二）"灵趣游戏"的评价要求

评价要依据"灵趣游戏"课程目标，以实践、操作、交流等形式开展，注重对学生情感态度、实践能力、创新能力的评价。通过评价，促进教师进一步把握教材，不断完善"灵趣游戏"课程；促使学生了解自我，发现自身的优点与不足，进一步培养学生的实践能力和创新力意识。评价从以下几个方面进行。

第一，学习态度的评价。通过学生在学习活动中表现来评价，如：是否按要求做好课前准备；是否在学习中主动思考、积极探索；是否愿意与同伴交流；是否在学习中集中注意力等。

第二，学习效果的评价。通过学习活动，能否掌握基本的知识技能、过程和方法；能否获得学习的乐趣、自我成就感（表7-6）。

表7-6 "灵趣游戏"综合评价表

_____年级 _____课程综合评价表

年级：_____ 班级：_____ 姓名：_____

内容	等级	自评			互评		
		优	良	合格	优	良	合格
学习态度	按时上课，不迟到早退。						
	能按要求准备所需材料。						
	主动思考，自主探索。						
	乐于交流，互相指导。						
	乐于听取他人建议。						
	集中注意力。						
学习效果	掌握操作方法和技巧。						
	独立完成任务。						
教师评价							
家长评价							

（备注：学生自评、互评时，在相应等级下打"√"。）

"灵趣游戏"的评价，通过多种评价形式、激励的态度，合理客观地评价学生。实事求是发现学生的优点和不足，鼓励学生勇于探索、突破自我、不断成长。

四、推广"灵趣珠算"，传承非遗文化

珠算文化是中华民族的传统文化，为发扬和传承珠算文化，感受珠算文化的魅力，学校多年来坚持开设"珠心算"课程。以此为契机，梳理已有的

经验和体系，开设了"灵趣珠算"课程。

（一）"灵趣珠算"的实施

"灵趣珠算"包括"灵趣珠算"课程、"灵趣珠算"文化和"灵趣珠算"活动三个板块。

"灵趣珠算"课程。由教师团队自主开发"灵趣珠算"教材，纳入到常规课堂教学中。通过学习了解珠算知识，掌握学科技能。

"灵趣珠算"文化。算盘发展至今已有近两千年的历史，被誉为中国的第五大发明，"算盘文化"是优秀的文化遗产。学校营造了浓郁的算盘文化氛围，有算盘主题门廊、程大位雕塑、算盘模型班牌、珠心算教室等，打造校园文化；创编算盘操、珠心算展示、校际交流、讲座、手抄报等丰富多彩的主题活动。

"灵趣珠算"活动。包括"小小神算手"珠心算比赛、"海峡两岸珠心算通信比赛""算盘操比赛"等。以活动为载体，给学生提供一个学习珠心算、了解传统文化的舞台，让学生充分感受传统计算的魅力，享受学习的乐趣，让学生体验"一科学习，多科受益"，在挑战中享受成功的快乐。

（二）活动评价

对"灵趣珠算"的评价，主要体现在参与性、完成效果等方面（表7-7）。

表7-7 "灵趣珠算"评价表

内容		等级	自评			互评		
			优	良	合格	优	良	合格
学习态度	按时上课，不迟到早退。							
	能按要求准备所需材料。							
	主动思考，自主探索。							
	乐于交流，互相指导。							
	乐于听取他人建议。							
	集中注意力。							
学习能力	掌握操作方法和技巧。							
	主动完成训练任务。							

续 表

内容	等级	自评			互评		
		优	良	合格	优	良	合格
参加活动	主动参与。						
	自信、勇敢。						
	个人展示。						
教师评价							
家长评价							

（备注：学生自评、互评时，在相应等级下打"√"。）

"灵趣珠算"的评价以鼓励为主，是否掌握相关技能，是否具有学习兴趣，是否能持续性发展。

五、开设"灵趣数学节"，搭建个性化展示平台

"灵趣数学节"课程包含赋有数学学科特点的多种活动，鼓励学生运用已学的知识与技能，展示各自特长，感受数学文化魅力。

（一）"灵趣数学节"的主要类型

"灵趣数学节"课程以"数学手抄报""巧算达人""跳蚤市场""数学小论文"等活动为载体，搭建展示学习成果的平台，收获学习的乐趣。

（二）"灵趣数学节"的评价

为规范"灵趣数学节"课程管理，加强指导，制定了相应的课程评价标准。

课程组织建设方面：有计划、方案，课时安排科学合理。

课程开展方面：具体内容规范、可操作；活动过程有记录、有报道；课后有总结、有反思。

课程效果方面：教师引导学生参与活动，进行有效指导，鼓励学生自我成长；

学生能积极主动参加活动，小组合作、分工明确、配合默契，有良好的

活动体验。学生活动自主性得到充分锻炼，达到课程目标预设效果。

总之，通过"灵趣数学"学科课程的开展，教师对课程的开发具有创造性。学生特长得到施展，体验活动乐趣，获得成功，综合素质得到提高。

第五节

体验数学之旅的美妙

一、价值引领

2014年4月教育部《关于全面深化课程改革、落实立德树人根本任务的意见》中明确提出:"准确把握全面深化课程改革。"

学校灵趣教育以学校特色为平台,专业构建为框架,学生需求为导向。"灵趣数学"是依据课程标准,围绕"灵趣教育"的教育哲学开发的课程;在教育教学过程中注重价值引领,把儿童最宝贵的"灵性"融入数学教学中,让他们的"灵性"在教师的唤醒、激励和鼓舞中真实体现并得以发展;在不断深化课程实施的过程中,打造灵趣教师,培育灵趣学生,显示教师机智灵活的教育教学能力和学生绚丽多彩的灵趣个性。

二、组织建设

"灵趣数学"的开发与实施是一项科学的、规范的系统工程,为保证各项工作有序开展,成立课程研发实施工作小组。

学科课程群研发工作小组,全面负责"灵趣数学"课程开发、制订方案、课程管理、实施、考核评价等工作。同时,团队中每一个成员积极参与,努力提升专业素养,以实际行动创建学习型校园,促进校园文化的整体影响力。

三、制度建构

1. 组建学校课程管理体系,规范管理制度,加强制度落实和跟进。

2. 建立课程研发激励机制。课程研发对学校办学理念、教师综合能力都是巨大的挑战，需要全体数学教师付出大量的时间和精力，学校需要建立课程开发激励机制，对积极、主动投入课程开发的教师给予适当奖励。使课程不断完善、富有学校特色，为课程研发与实施保驾护航。

四、专业研修

1. "灵趣数学"之常规。学校的常规教学、检查和反馈，展示教研成果，逐步形成"计划—检查—反馈—激励"的管理模式，建立服务课堂教学的管理机制。日常管理规范化、科学化、有效化，扎实践行"灵趣数学"课程。

2. "灵趣数学"之教研。数学教研组以"灵趣课程"为平台，立足"灵趣课堂"，开展"灵趣学习"，课程研讨、"推门听课""青蓝工程"、赛课等教研活动为载体，对教学行为进行研讨反思；倡导教师终身学习，提升教师专业水平，为"灵趣课程"的发展提供养分。

3. "灵趣数学"之课题。以"灵趣数学"课程开发和建设为契机，积极申报课题，以研促教、以教促研。

五、评价体系

在"灵趣数学"课程实践过程中，确定了课程评价、教师评价、学生评价等三方面内容，具体如下：

（一）评价的原则

1. 科学性原则。评价方法科学，评价结果可信、有效。

2. 全面性。定性与定量相结合，全方位、多角度开展评价，促进课程的不断完善。

3. 过程性。在课程实施过程中，注重过程性评价，尊重学生个体差异，引导学生积极主动参与到活动中去。

4. 主体性。明确教师是课程开发的主体，学生是学习的主体，注重情感评价，让学生感受自我成长和成功。

5. 个性化。评价方式、方法有个性，同时兼顾学生个体差异。

（二）评价的方法

1. 对课程的评价。在"灵趣数学"课程实施过程，通过对教师进行问卷、访谈等，在教师课程实施进行诊断分析、评价，促进教师专业成长，推动课程不断完善。

2. 对教师的评价。是否积极参与课程开发与建设，是否达成课程目标，是否促进学生发展，以专业、发展的眼光看待教师的成长。

3. 对学生的评价。尊重学生个体差异、理解学生个性差异、关注学生的可持续发展；构建多元评价体系；发挥评价激励功能。

六、专业引领

"灵趣数学"课程开发的主体是教师，学校组织教师安排各类课程研修活动，提升明确课程理念，鼓励教师通过实践，提高课程开发能力。

七、经费保障

学校投入专项经费，改善软、硬件条件，落实各项奖励制度，保证课程开发与实施。

总之，通过"灵趣数学"学科课程的开展，教师对课程的开发具有创造性。学生特长得到施展，体验活动乐趣，获得成功，综合素质得到提高。

（撰稿者：李玉燕　李筱岚　金丹　吴敏　张慧琴　孙冬梅　宋执斌）

后记

书稿几经研磨终于完成。凝眸回望，激动与喜悦、泪水与汗水交织，对所有参与者、支持者、帮助者的感激，一起涌上心头。

整本书在蜀山区教育体育局各位领导的积极组织下，经上海市教育科学研究院课程专家杨四耕老师对本书线上线下的多次指导，在合肥市蜀新苑小学、合肥市凤凰城小学、合肥市习友路小学、合肥市绿怡小学、合肥市香樟雅苑小学、合肥市习友路小学磨子潭校区、合肥市十里庙小学7所学校的大力配合下，从寒冬到酷暑，再到寒冬，历时一年多，终于和大家见面。

在研究的过程中，很多老师对概念不理解：什么是品质课程？什么样的课程是有品质的课程？什么是课程决策呢？课程决策对我们一线教学有哪些影响？……这些问题都是老师们在学习中的疑问和困惑。为了解答这些疑问和困惑，在杨四耕老师指导下，我们多次组织学校老师们积极学习、研讨和思考，并把各校的课程群方案进行梳理，撰写了本书。

课程决策是课程论研究的重要领域，对课程实践有着极为重大的意义和影响。它将关系到课程目标的制定、课程结构的搭建、课程内容的选择、课程的实施与评价等。我们广大一线教师，也是课程决策的制定者和践行者。

《数学学科课程决策：专业视角》是在杨四耕老师指导下，我们团队集体研究的成果，其撰写的过程也是团队队员不断学习、反思成长的过程，更是团队成员不断自我完善和丰富的过程。杨四耕老师精益求精、一丝不苟的治学态度给我们留下了深刻的印象。还要特别感谢蜀山区教研室李德山主任在百忙之中，积极组织我们团队成员探讨、学习、撰写、修改，直到得到专家的认可。在多次研讨会中，蜀山区教育体育局王雪梅局长和孙波副局长也莅临指导，给予诸多帮助，为我们团队提供研究平台。

由于时间比较仓促以及我们团队成员水平有限,本书也会存在一些问题,还请各位读者提出宝贵的意见和建议。

杨清英

2021 年 2 月 5 日

书名	ISBN	定价	出版时间
学校整体课程规划的七个关键	978-7-5760-0424-3	62.00	2021年3月
课堂教学的30个微技术	978-7-5760-1043-5	52.00	2020年12月
教学诠释学	978-7-5760-0394-9	42.00	2020年9月
原点教学：提升区域育人质量的策略研究	978-7-5760-0212-6	56.00	2020年8月

学校课程发展精品丛书

书名	ISBN	定价	出版时间
学科课程群与全经验学习	978-7-5760-0583-7	48.00	2021年1月
育人目标与课程逻辑	978-7-5760-0640-7	52.00	2021年2月
学科课程与深度学习	978-7-5760-0505-9	52.00	2021年2月
学校课程的文化表情：百花园课程的学科指向与深度实施	978-7-5760-0677-3	38.00	2021年2月
学校文化与课程变革	978-7-5760-0544-8	62.00	2021年2月
语文天生重要：语文学科课程群设计	978-7-5760-0655-1	44.00	2021年2月
五育并举的课程体系：致良知课程的旨趣与探索	978-7-5760-0692-6	48.00	2021年1月
学科课程与育人质量	978-7-5760-0654-4	48.00	2021年1月
在地文化与课程图谱	978-7-5760-0718-3	46.00	2021年2月
中观课程设计与学科课程发展	978-7-5760-0624-7	36.00	2021年1月
大教学：英语学科核心素养培育的课程模式	978-7-5760-0462-5	46.00	2021年1月

特色学校聚焦丛书

书名	ISBN	定价	出版时间
不一样的生命，一样的精彩	978-7-5675-8675-8	34.00	2019年3月
童味正醇：特色学校的文化图谱	978-7-5675-8944-5	39.00	2019年8月
特色普通高中课程建设探索	978-7-5675-9574-3	34.00	2019年10月

书名	ISBN	定价	出版时间
儿童是天生的探索者:360°科学启蒙教育	978-7-5675-9273-5	36.00	2020年2月
做精神灿烂的教师:教师自我成长的5个密码	978-7-5760-0367-3	34.00	2020年7月
让教育温暖而芬芳	978-7-5760-0537-0	36.00	2020年9月
快乐教育与内涵生长	978-7-5760-0517-2	46.00	2020年12月
故事教育与儿童发展	978-7-5760-0671-1	39.00	2021年1月
美好教育:学校内涵发展的循证研究	978-7-5760-0866-1	34.00	2021年3月
把美好种进儿童心田	978-7-5760-0535-6	36.00	2021年3月
倾听生命的天籁:"天籁教育"的实践与探索	978-7-5760-1433-4	38.00	2021年9月
为了每一个孩子的美好心愿	978-7-5760-1734-2	50.00	2021年9月
向着优秀生长:"模范教育"的理念与实践	978-7-5760-1827-1	36.00	2021年11月

跨学科课程丛书

书名	ISBN	定价	出版时间
大情境课程:主题设计与创意评价	978-7-5760-0210-2	44.00	2020年5月
社会参与素养的培育模型与干预机制	978-7-5760-0211-9	36.00	2020年5月
大概念课程:幼儿园特色主题活动设计	978-7-5760-0656-8	52.00	2020年8月
项目学习:进入学科的课程智慧	978-7-5760-0578-3	38.00	2021年4月
STEAM课程的设计与实施	978-7-5760-1747-2	52.00	2021年10月
幼儿个性化运动课程	978-7-5760-1825-7	56.00	2021年11月

核心素养导向的课堂教学丛书

书名	ISBN	定价	出版时间
漾着诗性智慧的课堂教学	978-7-5675-9308-4	39.00	2019年7月
转识成智的课堂教学:核心素养导向的历史教学	978-7-5760-0164-8	40.00	2020年5月
学导式教学:学会学习的教学范式	978-7-5760-0278-2	42.00	2020年7月

书名	ISBN	定价	出版时间
高阶思维教学的关键技术	978-7-5760-0526-4	42.00	2021年1月
会呼吸的语文课：有氧语文的旨趣与实践	978-7-5760-1312-2	42.00	2021年5月
高阶思维教学的核心指向	978-7-5760-1518-8	38.00	2021年7月
磁性课堂：劳动技术课就这样上	978-7-5760-1528-7	42.00	2021年7月
核心素养导向的作业设计	978-7-5760-1609-3	40.00	2021年8月
语文，让精神更明亮	978-7-5760-1510-2	42.00	2021年9月
"六会"教学法：基于核心素养的课堂教学	978-7-5760-1522-5	42.00	2021年9月

特色课程建设丛书

书名	ISBN	定价	出版时间
教师，生长的课程	978-7-5760-0609-4	34.00	2020年12月
学校课程发展的实践范式	978-7-5760-0717-6	46.00	2020年12月
丰富学习经历：如歌式课程的愿景与深度	978-7-5760-0785-5	42.00	2020年12月
学科课程群设计方法	978-7-5760-0579-0	44.00	2021年3月
学校美育课程的立体建构：菁华园课程的逻辑与框架	978-7-5760-0610-0	36.00	2021年3月
关键学习素养与学科课程设计	978-7-5760-1208-8	34.00	2021年4月
学校课程设计：愿景建构与深度实施	978-7-5760-1429-7	52.00	2021年4月
生长性课程：看见儿童生长的力量	978-7-5760-1430-3	52.00	2021年4月
"慧阅读"课程：儿童视角	978-7-5760-1608-6	42.00	2021年6月
诗意栖居的课程愿景：智慧岛课程的逻辑与深度	978-7-5760-1431-0	44.00	2021年7月
每一个孩子都是最重要的人：V-I-P课程的内在意蕴与学科视角	978-7-5760-1826-4	54.00	2021年8月
给每一个孩子带得走的能力：井养式课程的旨趣与探索	978-7-5760-1813-4	42.00	2021年10月
指向核心素养的课程统整框架：I AM BEST 课程的学科之维	978-7-5760-1679-6	48.00	2021年11月